Andreas Petz

Der Pfirsichblütenfisch

karina verlag

Impressum:
1.Auflage, für den Verein „Respekt für Dich“ – Autoren gegen Gewalt

Text, Fotos: © Andreas Petz

Überarbeitung, Layout, Design, Cover, Coverbild:
© Karin Pfolz, Karina-Verlag
Lektorat Sonja Nagl/Christine Erdic
März 2015, Vienna, Austria, Karina-Verlag, Vienna.

ISBN: Print
978-3-903056-24-4

E-Book
978-3-903056-25-1

karina.bookoffice@gmail.com
www.karinaverlag.at

Bibliografische Information der Nationalbibliotheken:
Die Österreichische Nationalbibliothek verzeichnet diese Publikation in der Österreichischen Nationalbibliothek, ebenso ist diese Publikation in der Deutschen Nationalbibliothek verzeichnet.

Andreas Petz

Der Pfirsichblütenfisch

Inhaltsverzeichnis

Tao-Hwa-Yü, der Pfirsichblüten-Fisch

Vor vielen, vielen Jahren, da lebte im Lande China in einem wundervollen Teich, der mitten in einem Tal lag, das voller Pfirsichbäume war, ein seltsames Tier.

Die meiste Zeit des Jahres war das Tier überhaupt nicht zu sehen und nur, wenn im Tal die Pfirsichbäume zu blühen begannen und die Temperaturen in der Luft und im Wasser angenehm warm waren, dann konnte man auch das kleine süße Tierchen im Teich zwischen den Seerosen entdecken.

Deshalb nannten die Menschen, die es eben immer erst zur Zeit der Pfirsichblüte entdeckten, Tao-Hwa-Yü, was in unserer Sprache Pfirsichblüten-Fisch bedeutet.

Aber sehen konnte es nur, wer genau hinschaute, denn das Tier war, selbst wenn es ausgewachsen war, höchstens 2 bis allerhöchstens 2,5 cm groß. Außerdem bestand es nur aus einem weißen Ring mit vielen kleinen Ärmchen daran und aus vier kleineren Ringen in seiner Mitte. Das Tierchen bestand zu einem sehr großen Teil aus Wasser und war somit fast durchsichtig. Daher könnt ihr sicher verstehen, dass es nur schwer zu entdecken war. Es liebte warme Temperaturen und genau genommen war es auch kein Fisch, sondern ...

eine Qualle.

Allerdings keine dieser Quallen, wie ihr sie aus dem Meer kennt, nein, Tao-Hwa-Yü war eine Süßwasserqualle.

Immer wenn es besonders viele Pfirsichblüten-Fische im Teich gab, dann gab es für die Menschen, die in dem Tal wohnten, auch eine sehr gute Pfirsichernte von ihren Bäumen. Deshalb hegten und pflegten die Leute den Teich in ihrem Tal auch besonders gut und die Kinder machten einen regelrechten Wettbewerb daraus, der oder die Erste zu sein, der im Frühling den ersten Pfirsichblüten-Fisch entdeckte.

Hin und wieder gab es ein oder auch mehrere Jahre, in denen der Frühling lange Zeit kühl war, und die Menschen in dem Tal der Pfirsichbäume machten sich große Sorgen um ihren Tao-Hwa-Yü. War der Pfirsichblüten-Fisch etwa über den Winter gestorben? Aber dann, im nächsten oder spätestens im übernächsten Jahr war er wieder da und manchmal so zahlreich, dass der ganze Teich von den Pfirsichblüten-Fischen angefüllt zu sein schien. In solch einem Jahr gab es dann auch unglaublich viele Pfirsiche auf den Bäumen.

Als sich das mit dem Pfirsichblüten-Fisch in anderen Pfirsich-Tälern und Plantagen herumsprach, wollten die Menschen dort auch solch einen Teich mit den Pfirsichblüten-Fischen haben. Nun, einen Teich anzulegen, das war nicht schwer, aber wie sollten sie an einen oder mehrere Pfirsichblüten-Fische herankommen? Der Teich, in dem sie sich befanden, wurde gut bewacht, denn die Bewohner des Tales befürchteten, dass, wenn sie einige Pfirsichblüten-Fische fangen und weitergeben würden, vielleicht im Jahr darauf keine mehr erscheinen würden.

Irgendwann kam ein Fremder in eines der Täler, in denen es zwar einen Teich, jedoch keinen Pfirsichblüten-Fisch gab. Ihm wurde von der Sache erzählt und er hatte einen Lösungsvorschlag. „Züchtet Enten und lasst sie frei herumfliegen!“, riet er den Dorfbewohnern. Diese konnten nicht einsehen, wozu das gut sein sollte und wie sie dadurch zu den begehrten Pfirsichblüten-Fischen kommen sollten, aber der Fremde erklärte es ihnen: „Wisst ihr denn nicht, wie manche Fische sich von See zu See ausbreiten? Selbst wenn die Seen nicht durch Bäche oder Flüsse verbunden sind, verbreiten sich dort die Fische. Und zwar durch die Vögel, besonders durch Enten. Diese fliegen, ohne es zu wissen, den Fischlaich in ihrem Gefieder oder sogar in ihren Mägen von See zu See, und ich denke, so könnte es auch mit dem Pfirsichblüten-Fisch funktionieren.“

Da waren die Leute voller Begeisterung, jemand wurde ausgewählt, in das nächstgrößere Dorf zu gehen, um dort auf dem Markt lebende Enten zu kaufen. Er kam mit acht Enten zurück und nun begannen die

Leute damit, Enten zu züchten, und immer wieder ließen sie ein paar davon frei. Diese flogen tatsächlich von Teich zu Teich, so, wie es der Fremde vorausgesagt hatte, und es dauerte nicht lange, da rief ein kleiner Junge, der oft am Teich saß: „Tao-Hwa-Yü!“ Er lief begeistert durch das Dorf und rief immer wieder: „Tao-Hwa-Yü! Ich habe einen Pfirsichblüten-Fisch in unserem Teich gesehen.“

Schnell eilten die Leute zu ihrem Teich und tatsächlich, nicht nur einer, nein, da waren sogar viele Pfirsichblüten-Fische im Teich. Das versprach eine reiche Pfirsichernte zu werden.

Im Dorf wurde ein großes Fest gefeiert.

Die Enten unterdessen zogen weiter, von Teich zu Teich, von einem See zum anderen, und mittlerweile gibt es den Pfirsichblüten-Fisch auch schon seit vielen Jahren in unserem Land, nur, dass wir ihn hier Süßwasserqualle nennen. Aber auch hier sind diese nur zu sehen, wenn es schön warm ist.

Hin und wieder möchte ich
weit weg von hier gehen,
auf einer Insel würd' ich mich
mit vielen Büchern versehen...
...unglaublich wohl fühlen!
Andreas Petz

Glücksklee

Einst ging ein junger Mann fröhlich pfeifend seines Weges. Er hatte seine wenigen Habseligkeiten in einem kleinen Stoffbündel, das an einem Stock hing, den der Mann über seiner Schulter trug. Seine Kleider waren alt und abgenutzt und auch etwas zu klein für den jungen Mann. Die Ärmel seiner Jacke und die Beine seiner Hose waren zu kurz.

Sein Äußeres war also nicht gerade das eines reichen Mannes, dennoch marschierte er fröhlich seines Weges und pfiff glücklich ein schönes Lied.

Soeben führte ihn sein Weg um eine Biegung und gab den Blick auf eine wundervolle Wiese frei. Der junge Mann blieb plötzlich stehen und hörte auf zu pfeifen. Staunend und gut gelaunt schaute er auf die schöne Wiese, ein letztes, leises Pfeifen flog flüchtig über seine Lippen, denn was er auf der Wiese entdeckte, raubte ihm den Atem.

Auf allen Vieren krabbelte ein wunderhübsches Mädchen über die grüne Wiese, zwei lange Zöpfe hingen links und rechts von ihrem Kopf herab und ihr rotes Kleid und die gelbe Schürze, die das Mädchen trug, sahen aus wie eine wundervolle, große Blume.

Der junge Mann schlich vorsichtigen Schrittes zu

dem Mädchen auf der Wiese, um es näher zu betrachten. Das Mädchen bemerkte den jungen Mann nicht, ganz vertieft schaute es auf die Wiese. Da fragte der junge Mann: „Hast du etwas verloren?“

Das Mädchen erschrak etwas, drehte sich schnell zu dem jungen Mann um und sagte etwas schüchtern: „Nein, verloren habe ich nichts.“

„Aber“, fragte der junge Mann nun interessiert, „was suchst du denn dann auf der Wiese?“

„Oh“, antwortete das Mädchen, „ich suche nach einem 4-blättrigen Kleeblatt, damit es mir Glück bringt.“

Da lachte der junge Mann aus vollem Herzen, er bog sich regelrecht vor Lachen und konnte nicht wieder aufhören. Das Mädchen wurde etwas rot im Gesicht und sagte verärgert: „Aber warum lachst du denn so? Lachst du mich etwa aus?“

Der junge Mann konnte endlich aufhören zu lachen und antwortete dem jungen Mädchen fröhlich: „Aber warum glaubst du denn, dass dir nur ein 4-blättriges Kleeblatt Glück bringen kann? Weißt du nicht, dass JEDES Kleeblatt dir Glück bringt und dass du sogar ganz ohne Kleeblätter glücklich sein kannst?“

Nun musste das Mädchen lachen und als es wieder zu Atem kam, schüttelte es den Kopf und sagte zu dem jungen Mann: „Aber Glück ist doch etwas sehr

Seltenes, genauso selten wie 4-blättrige Kleeblätter."

„Nun", meinte der junge Mann ernst, „das sehe ich anders. Mich macht ein 3-blättriges Kleeblatt genauso glücklich wie ein 4-blättriges, ein Marienkäfer macht mich genauso glücklich wie jeder andere Käfer, den ich sehe. Glück kommt nicht von außen, es kommt von innen."

„Wie soll das denn gehen?", fragte ungläubig das junge Mädchen.

„Hmmm", der junge Mann überlegte, wie er dem Mädchen erklären könnte, wie er es meinte, „hast du schon einmal an einem Regentag die Leute beobachtet? Es gibt solche, die machen bei Regen ein mürrisches Gesicht, und andere sind auch im Regen fröhlich."

„Nun", antwortete das Mädchen, „das stimmt schon, aber vielleicht hatte der fröhliche Mensch vorher eben etwas Glückliches erlebt und der andere nicht."

„Das ist durchaus möglich", antwortete der junge Mann, „aber wenn du nachdenkst, wirst du erkennen, dass es Menschen gibt, die immer glücklich sind, egal, ob es regnet oder die Sonne scheint, egal, ob sie ein 4-blättriges Kleeblatt gefunden haben oder nicht. Sicherlich kennst auch du solche Menschen."

„Nun", meinte das Mädchen dazu, „diese Menschen haben eben mehr Glück als die anderen."

„Na bestimmt!“, sagte der junge Mann, „aber was glaubst du, wo dieses Glück herkommt? Diese Menschen suchen bestimmt nicht nach Glückssymbolen.“

„Nein“, antwortete das Mädchen trotzig, „diese Menschen stolpern höchstens über 4-blättrige Kleeblätter, selbst da, wo unglückliche Menschen vorher vergebens gesucht haben.“

„Und warum glaubst du, ist das so?“, fragte der junge Mann zurück.

„Keine Ahnung!“, das Mädchen zuckte mit den Schultern, „sie haben das Glück eben gepachtet und ziehen es an wie ein Magnet.“

„Genau!“, rief der junge Mann begeistert, „diese Menschen ziehen das Glück an wie ein Magnet. Und warum? Wieso kann ein Magnet etwas anziehen?“

Das Mädchen überlegte und antwortete dann: „Nun, weil ein Magnet darauf gepolt ist, etwas anzuziehen, aber wenn man ihn anders herum hält …“, das Mädchen wurde nachdenklich und der junge Mann fuhr fort: „So ist es! Wenn man den Magnet anders herum hält, dann stößt er das, was er sonst anzieht, von sich ab. Genauso ist es mit dem Glück, wenn man innerlich bereit ist und davon überzeugt ist, dass man Glück hat, dann zieht man Glück an und erkennt das Glück um sich herum. Wenn man dagegen auf Unglück gepolt ist, dann sieht man nur das Unglück. Und noch etwas: Was geschieht denn mit dir, wenn du glücklich bist?"

„Nun", antwortete das Mädchen, „dann bin ich fröhlich und fühle mich wohl."

„Genau", meinte der junge Mann, „und damit wird dein Magnet weiter aufgeladen, noch mehr Glück anzuziehen."

„Aber was kann ich denn tun", wollte das Mädchen nun wissen, „wenn ich unglücklich und nicht fröhlich bin? Dann wird doch mein innerer Magnet nur noch mehr aufgeladen, das Unglück anzuziehen. Wie kann ich das denn ändern?"

Der junge Mann freute sich: „Das ist eine sehr gute Frage. Da gibt es einen sehr einfachen Trick. Du suchst einfach in deiner Erinnerung nach Momenten, in denen du glücklich warst, denkst darüber nach, wie du dich damals gefühlt hast, und versuchst, dieses Gefühl wiederzuerlangen. Du wirst sehen, je mehr du das tust, umso besser fühlst du dich und dein Magnet wird wieder auf das Glück ausgerichtet."

Das Mädchen stand nun lange schweigend vor dem jungen Mann und dachte an vergangene, glückliche Momente. Der junge Mann wollte gerade fragen, ob alles in Ordnung wäre, da flog ein Lächeln über das Gesicht des Mädchens, es nickte mit dem Kopf und sagte: „Du hast recht, es funktioniert."

Fröhlich und glücklich liefen die beiden über die Wiese. Plötzlich bückte sich das Mädchen, pflückte etwas und hielt es dem jungen Mann frech unter die Nase … ein 4-blättriges Kleeblatt.

Alles Geld der Welt

Einst gab es in einem fernen Land einen Mann, der wollte gerne Freunde haben. Immer wieder versuchte er, die Freundschaft seiner Mitmenschen zu erlangen, aber er versuchte es mit falschen Mitteln. Er versuchte, andere schlecht zu machen, um selbst in besserem Licht dazustehen, aber die meisten durchschauten ihn und so erreichte er oft das Gegenteil von dem, was er wollte.

In dem Land, in dem der Mann wohnte, gab es auch einige sehr reiche Leute und da diese ihr Geld oft für gute Zwecke einsetzten, so waren sie sehr beliebt und hatten viele Freunde, auch unter denen, die nicht so reich waren, ja sogar unter den Armen, aber sie hatten sich diese Freundschaften nicht erkauft, denn wahre Freundschaft kann man nicht kaufen.

Der Mann dachte sich jedoch: „Wenn ich es schaffe, reich zu werden, dann mögen mich die Leute auch und dann werde ich viele Freunde haben."

Und so machte der Mann viele Pläne, er sparte so viel Geld, wie ihm nur möglich war, und begann, damit Geschäfte zu machen. Er verlieh auch Geld an Leute, die sehr arm waren und bei keiner Bank einen

Kredit bekamen, aber die Leute mussten dafür unglaublich hohe Zinsen an ihn zahlen.

Hin und wieder kam es vor, dass der eine oder andere den Kredit nicht mehr zurückzahlen konnte. Dann nahm der Mann ihm zum Ausgleich alle seine Habseligkeiten weg und verkaufte sie. Da dies meist nicht ausreichte, um den Kredit und die Zinsen zurückzuzahlen, mussten diese Leute fortan zu niedrigen Löhnen für den Mann arbeiten und zumeist wohnten sie auch in einer kleinen, dunklen Wohnung, die natürlich dem Mann gehörte, und so mussten sie von ihrem spärlichen Lohn auch noch Miete an ihn bezahlen.

Der Mann wurde reich und immer reicher. Nun versuchte er, unter den anderen Reichen des Landes Freunde zu gewinnen, aber denen war er mit seinen Geschäften unsympathisch, da er immer nur seinen eigenen Vorteil im Blick behielt.

„Gut!“, sagte sich da der Mann, „wenn keiner mein Freund sein möchte, so werde ich alles Geld der Welt verdienen und dann werdet ihr bei mir angekrochen kommen und betteln.“

Und so arbeitete der Mann Tag und Nacht, gönnte sich kaum Schlaf und machte die unglaublichsten Geschäfte. Er wurde reicher und immer reicher und tatsächlich, eines Tages war es soweit, er besaß … okay, nicht alles Geld der Welt, aber alles Geld in dem Land, in dem er wohnte.

„Ha!", freute er sich und rieb sich die Hände. Fröhlich saß er nun Tag für Tag zuhause und wartete, bald würden die Ersten kommen und ihn um Geld anbetteln.

Aber es kam niemand.

Der Mann verstand nicht, warum.

Eines Tages ging ihm das Brot aus und er ging zum Bäcker, um sich Brot zu kaufen, denn seine Haushälterin, die das immer für ihn besorgt hatte, war nirgends zu sehen.

Er nahm sein Geld, betrat den Bäckerladen und war zunächst erstaunt, denn es gab noch andere Kunden, die beim Bäcker einkauften, aber sie bezahlten das Brot nicht mit Geld, sondern mit Eiern, mit Mehl und einer sogar mit einer großen Wurst.

Als er an die Reihe kam, bestellte er sein Brot und streckte stolz der Verkäuferin einen großen Geldschein entgegen. Heimlich schmunzelte er schon, weil er dachte: „Hihi, sie kann mir kein Wechselgeld herausgeben, da sie kein Geld hat."

Aber wie erstaunt war er, als die Verkäuferin das Brot wieder zurückzog, den Kopf verneinend schüttelte und zu ihm sagte: „Wir nehmen kein Geld, nur Tauschwaren."

Ungläubig und mit Wut im Bauch verließ er ohne Brot den Laden und ging zum Metzger, um dort eine Wurst zu kaufen, doch auch hier tauschten die Leute

Waren gegen Wurst und man wollte sein Geld nicht.

Mit gesenktem Kopf verließ er die Metzgerei und die Stadt und ging hinaus auf das Land.

Dort versuchte er, bei einem Bauern Eier und Obst mit seinem Geld zu kaufen, doch auch dieser wollte sein Geld nicht.

Hungrig, müde und verzweifelt ging der Mann weiter und kam an einen See. Er setzte sich an das Ufer und weinte, nun hatte er zwar alles Geld des Landes und war doch der ärmste Mensch, den es gab, denn sein Geld war nichts wert und niemand war auf ihn und sein Geld angewiesen. Und Freunde hatte er nicht einen.

All sein Streben hatte ihm nichts gebracht. Dann zuckte er plötzlich zusammen, denn neben ihm stand ein kleines Mädchen, es war das Töchterchen des Bauern, bei dem er zuvor gewesen war. Das Mädchen streckte ihm freundlich lächelnd einen Apfel hin und fragte: „Hast du Hunger? Hier, nimm und lass es dir schmecken.“ Erfreut nahm der Mann den Apfel und musste erneut bitterlich weinen. Das kleine Mädchen fragte: „Warum weinst du denn?“

Der Mann erzählte dem Mädchen von seinem Leben, dass er immer Freunde gewinnen wollte, aber selbst mit all seinem Geld keine bekam.

„Oh, aber Freunde zu gewinnen ist doch ganz einfach!“, behauptete das Mädchen.

„Ja? Meinst du? Und wie soll das gehen?“, fragte der Mann.

„Nun“, antwortete das Mädchen, „du musst nur die anderen so lieben, wie sie sind, sei freundlich zu allen und schenke ihnen deine Liebe. Denn, wenn man Liebe verschenkt, dann kommt sie vermehrt zu einem zurück.“

Darüber dachte der Mann lange nach, dann ging er des Nachts heimlich durch die Straßen und warf all sein Geld in die Briefkästen der Leute, tagsüber ging er durch die Stadt und wenn er sah, dass irgendwo Hilfe gebraucht wurde, so ging er hin und half, ohne etwas dafür zu verlangen. Die Leute, denen er geholfen hatte, luden ihn oft zum Essen ein.

An einem Tisch mit anderen zu essen, fand er viel schöner, als alleine zu essen, was er bisher immer getan hatte, und das Essen schmeckte ihm auch viel besser. So gewann er fast jeden Tag neue Freunde und wenn er heute durch die Straßen geht, so wird er überall freundlich gegrüßt. Jetzt hat er viele Freunde und das hat er ganz ohne Geld geschafft.

Ein Frühlingsmärchen

Es war einmal vor vielen, vielen Jahren, da gab es tief im Wald in der Nähe einer Lichtung eine kleine Erdhöhle. Der Eingang zu der Höhle war gut zwischen dichten Büschen versteckt, so dass kaum jemand anderer außer den Bewohnern sie fand.

Bewohnt wurde die kleine Höhle von einem jungen Hasenehepaar und seit kurzem auch von ihren sieben neugeborenen Kinderchen. Die Kleinen waren noch im kuschelig warmen Nest am hintersten Ende der Höhle versteckt und nur, wenn der Hunger sie quälte, streckten sie vorsichtig erst das Näschen und dann das Mündchen aus dem Nest, um nach der Zitze der Mutter zu tasten, denn sehen konnten sie noch nicht.

Da die Mutter sich meistens in der Nähe aufhielt und sofort näher rückte, wenn eines der Kinderchen aus dem Nest spickte, fanden die Kleinen immer schnell die Futterquelle. Man glaubt ja gar nicht, wie hungrig sieben kleine Hasenkinder sein können. Jedenfalls hatte die Mutter fast pausenlos zur Verfügung zu stehen.

Schnell wuchsen die Kleinen heran und schon bald konnten sie mit ihren Äuglein sehen und begannen, sich gegenseitig im Spiel herumzuschubsen.

Eines Tages sagte die Mutter zu den sieben Hasenkindern: „Euer Papa und ich, wir gehen heute auf den Frühlingsball der Hasen. Aber, keine Angst, ihr seid nicht alleine. Eure Großmutter wird auf euch aufpassen. Jetzt sollte jedoch jeder von euch noch etwas Nahrung zu sich nehmen, damit ihr nicht hungrig werdet, wenn ich nicht da bin."

Da waren die Hasenkinder ganz schön aufgeregt. Ein Frühlingsball, was das wohl sein würde?

Eines der Kleinen fragte dann auch neugierig die Mutter: „Mutti, was ist das denn, ein Frühlingsball?"

Aber da der Mutter nicht genügend Zeit blieb, sagte sie nur: „Das soll euch die Großmutter erzählen, die kann das am besten." Die Großmutter saß auch schon in der Höhle, kratzte sich mit dem Hinterfuß an ihrem langen Ohr und sagte: „Sicher, das werde ich euch erzählen. Da könnt ihr schon sehr gespannt sein, denn ein Frühlingsball", schwärmte sie, „ist etwas ganz Besonderes!"

Nun konnten die Hasenkinder es vor Spannung gar nicht mehr aushalten, sie schoben und schubsten sich gegenseitig im Nest hin und her und merkten gar nicht, dass ihre Mutter zusammen mit dem Vater die Höhle schon verlassen hatte. Die Großmutter setzte sich vor das Nest und wartete erst einmal, bis das Schieben und Schubsen aufhörte, dann begann sie zu erzählen:

„Am Frühlingsball, da treffen sich alle erwachsenen Hasen aus dem ganzen, großen Wald. Sie tanzen und hüpfen die ganze Nacht hindurch, denn am Abend des Frühlingsballes ist der lange Winter endlich vorbei und der Frühling hält Einzug.“

„Großmutter“, unterbrach eines der Häschen, „was ist denn das, Frühling?“

„Oh!“, machte die Großmutter, „auf den Frühling, da könnt ihr euch schon mal sehr freuen, denn den werdet ihr bald erleben.“

„Ohh!“, und „Ahhh!“, staunten da die Kleinen und die Großmutter fuhr fort: „Im Frühling, da geschieht draußen in der Natur ein unglaubliches Wunder. Zuerst sind die Äste der Bäume noch ganz kahl, die Wiesen sind grau und die Felder braun. Da ist es sehr schwer für uns, Futter zu finden, aber dann …“, die Großmutter begann zu träumen und erst, als die sieben Hasenkinder sie aufgeregt anstupsten und bettelten: „Großmutter, so erzähl doch weiter“, erwachte sie aus ihrem Frühlingstraum und fuhr fort:

„Ja, wisst ihr, unter der Wiese und unter den Feldern, da wohnen unzählige kleine Zauberwesen und diese schieben im Frühling zarte grüne Gräser aus der Erde. Zuerst sieht man nur die Spitzen und die Zauberwesen müssen sich sehr anstrengen, aber dann schieben sie die Grashalme immer weiter hinaus und die Halme werden breit und stark. Ach, und die schmecken so herrlich."

Wieder versank die Großmutter in einen Traum und erneut stupsten und bedrängten die Kleinen sie, da erzählte sie auch schon weiter: „Überall an die Äste der Bäume und Büsche, da kleben Frühlingselfen grüne Blätter an und von der Erde aus gesehen schaut das aus wie ein wundervolles, grünes Dach. Wenn die Zauberwesen in der Erde mit dem Gras fertig sind und die ganze Wiese voll mit grünem, saftigen Gras ist, dann schieben sie dicke Blumenstängel aus der Erde in die Höhe und wenn sie damit fertig sind, dann hängen die Frühlingselfen kunterbunte Blüten daran auf und dann...", die Großmutter machte eine Pause, „ja, dann duftet es überall soooo herrlich." Die Großmutter schnupperte und strahlte, als würde sie den Duft schon riechen. Die sieben kleinen Hasenkinder seufzten tief beeindruckt; ach, musste das schön sein, wenn es nur schon soweit wäre und sie hinaus könnten.

„Aber das ist ja längst noch nicht alles!", unterbrach nun die Großmutter die Träume der Kleinen, „manche Bäume und Büsche werden von den Frühlingselfen mit lauter weißen Blüten geschmückt und auf den Ästen der Bäume sitzen unglaublich viele Vögel und zwitschern wundervolle Lieder."

Still, ach wie still, waren die sieben kleinen Hasenkinder. Die Großmutter erzählte weiter: „Die Sonne wärmt herrlich vom blauen Himmel herab und über der Wiese beginnen Bienchen, Hummeln und viele andere Insekten damit, summend von Blüte zu Blüte zu fliegen, um am leckeren Nektar zu naschen. Aber am schönsten sind die herrlich bunten Schmetterlinge mit ihren großen Flügeln, wie sie fröhlich durch die Luft tanzen..."

Die Großmutter wunderte sich etwas, dass die Kleinen so still waren und als sie genauer hinschaute, da stellte sie fest, dass alle sieben eingeschlafen waren. Sicher träumten sie einen wunderschönen Frühlingstraum.

Mohonk – Der See im Himmel

Es war etwa um das Jahr 1800, da gab es im sogenannten Wilden Westen von Nordamerika noch viele Indianerstämme, manche Stämme waren sehr groß, manche eher klein.

Als immer mehr weiße Siedler in das Indianerland kamen, begannen die großen Stämme, gegen sie zu kämpfen. Auch der eine oder andere kleine Stamm kämpfte und ging dadurch nicht selten zugrunde. In dieser Zeit gab es auch einen sehr kleinen Stamm, der einen klugen Häuptling hatte. Dieser Häuptling erkannte, dass der Stamm im Kampf mit den weißen Siedlern unterliegen musste. So zog sich der Stamm immer weiter in versteckte Wälder zurück und lebte dort in Frieden.

Eines Tages, mitten im Winter, kam jedoch ein einzelner weißer Mann durch den schneebedeckten Winterwald in das Zeltdorf auf der versteckten Lichtung gestapft. Die Indianer begrüßten den Mann, behandelten ihn als Gast und rauchten mit ihm die Friedenspfeife. Sie baten den Mann, niemandem von ihrer Existenz zu erzählen, doch dem Mann gefiel es bei den Indianern und da der Stamm es ihm erlaubte, blieb er bei ihnen und kehrte nicht mehr zurück.

Die Indianer lernten viel von dem weißen Mann, aber auch er lernte vieles von den Indianern. Die Indianer lebten im Einklang mit der Natur und der Mann wunderte sich sehr, denn im ganzen Stamm gab es keine alten Leute.

„Woher kommt es", fragte er eines Tages den Häuptling, „dass es hier bei euch keine alten Menschen gibt? Starben sie alle jung, oder woran liegt es?" Der Häuptling fühlte sich geschmeichelt und sagte zu dem Weißen: „Wie alt schätzt du mich denn?"

Der Weiße betrachtete den Häuptling genau und schätzte dann: „Nun, du schaust aus, als wärst du etwa 35 Jahre alt." Der Häuptling musste herzhaft lachen und auch alle anderen Indianer und Indianerinnen, die das mitbekommen hatten, lachten aus vollem Herzen.

Als alle fertig gelacht hatten, sagte der Häuptling in fröhlichem Ton zu dem weißen Mann: „Danke! Ich lebe seit 55 Wintern in diesen Wäldern, habe 5 Kinder und 12 Enkelkinder."

Da schüttelte der weiße Mann ungläubig den Kopf, betrachtete den Häuptling erneut und sagte erstaunt: „Das kann nicht sein, das gibt es doch nicht. Wie hast du es geschafft, deinen Körper so jugendlich zu halten?"

„Das wirst du bald selbst sehen, denn im Frühling ziehen wir hoch hinauf in die Berge und schlagen am

Mohonk unser Sommerlager auf. Mohonk bedeutet `See im Himmel´ und in diesem See baden wir den ganzen Sommer über, das ist es, was uns so jung hält. Mein Urgroßvater lebte 125 Winter in diesen Wäldern und die Sommermonate am Mohonk, bevor er im Kampf mit einem Bären unterlag."

Nun konnte der weiße Mann es vor Ungeduld fast nicht mehr erwarten. Als erstem Weißen sollte es ihm gestattet sein, diesen wundersamen See zu sehen.

Als im Frühling der Schnee geschmolzen war und die Natur überall ein herrliches Grün in die Wälder und auf die Wiesen zauberte, brach der Stamm seine Zelte ab und die Reise begann. Aber es war sehr mühsam. Es gab keine Pferde oder Maulesel, die die Zeltstangen oder anderes Gepäck trugen, nein, die Menschen mussten alles selbst tragen. So mussten sie die einzelnen Teilstrecken mehrmals laufen, denn es war unmöglich, alles auf einmal mitzunehmen.

Viele Tage, ja sogar mehrere Wochen, dauerte deshalb die Reise. Zuerst ging es noch durch ebene Wälder, aber dann wurde der Weg immer steiler. In Zickzack-Wegen ging es steile Höhen hinauf.

Eines Tages, der weiße Mann dachte schon, dass es unmöglich noch höher hinauf gehen konnte, da führte der Weg um eine Bergspitze und eröffnete den Blick auf …

…nein, das konnte nicht sein. Der weiße Mann

staunte, er stand vor einem See, aber dieser See sah aus, als würde er aus lauter Wolken bestehen und doch bestand er aus Wasser, die Wolken spiegelten sich unglaublich echt auf der Oberfläche des Mohonk.

Still und spiegelglatt lag die Oberfläche des Sees vor ihnen und da selbst im Hintergrund kein Land, keine Bäume oder Berge zu sehen waren, sah es wirklich aus wie ein `See im Himmel´.

Der Häuptling forderte den Mann auf, mit ihm im See zu baden und als der Mann ins Wasser stieg, erwartete er, dass es sehr kalt sein würde, aber das war es nicht, nein, die Wassertemperatur war sehr angenehm und je länger der Weiße im Wasser war, desto frischer fühlte er sich. Die Anstrengungen des

Marsches, der hinter ihm lag, waren wie verschwunden und er fühlte sich herrlich frisch und ausgeruht.

Auch nach dem Bad konnte der Mann seinen Blick nicht von diesem wundervollen See abwenden. Am Abend, als er mit dem Häuptling und den anderen am Lagerfeuer saß, erzählte er ihm begeistert, wie unglaublich erfrischt er sich fühlte.

„Ja“, sagte der Häuptling, „das Wasser des Mohonk ist etwas ganz Besonderes, aber es gibt noch ein weiteres kleines Geheimnis.“ Der Weiße horchte auf: „Noch solch ein tolles Geheimnis wie diesen

See?“, fragte er interessiert.

„Oh“, meinte der Häuptling lächelnd, „nur ein kleines. Was meinst du, wie wir uns die Kraft, die uns der See spendet, den Winter über behalten können?“

„Ihr nehmt soviel Wasser wie möglich mit?“, meinte der weiße Mann. Der Häuptling musste lachen und sagte: „Nein, das wäre zum einen viel zu anstrengend, zum anderen würde im Winter das Wasser in unseren Schläuchen gefrieren und das würden diese nicht überstehen. Wir nehmen den See in unseren Köpfen mit.“ Der Weiße musste ein sehr komisches Gesicht gemacht haben, denn der Häuptling und alle anderen lachten wieder herzhaft über den Anblick des erstaunten Mannes.

„Im Winter“, erklärte der Häuptling, „baden wir täglich im Geiste, also in unseren Träumen, im Mohonk.“

Die sieben Schlafanzüge

Einst gab es in einer großen Stadt einen kleinen, glücklichen Jungen, der hatte sieben Schlafanzüge.

Der erste Schlafanzug hatte herrliche Formel 1-Flitzer aufgedruckt, die über eine Rennstrecke rund über den Schlafanzug flitzten. Wenn der Junge diesen Schlafanzug trug und sich darin zum Schlafen legte, dann träumte er davon, ein berühmter Rennfahrer zu sein. Schnell schlief er dann ein und drehte im Traum Runde um Runde, überholte die anderen Rennautos und stand zum Schluss als Sieger auf dem Podest, wo ihm ein wundervoller Pokal überreicht wurde.

Der zweite Schlafanzug trug Bilder von wilden Indianern, die auf ihren wundervollen Pferden hinter einer Büffelherde herjagten und dann vor ihren Zelten am Lagerfeuer saßen.

Trug der Junge diesen Schlafanzug, dann ritt er im Traum auf einem weißen Hengst über die Prärie und jagte zusammen mit seinen Brüdern hinter den Büffeln her. Da er der erfolgreichste Büffeljäger war, wurde er vom ganzen Stamm zum Häuptling gewählt.

Der dritte Schlafanzug hatte Aufdrucke von großen Entdeckern, die zu Pferd oder auf hölzernen Segelschiffen auf Entdeckungsreise gingen und neue Länder entdeckten und eroberten. Hatte der Junge diesen Schlafanzug an, dann segelte er auf einem der Segelschiffe über wilde Meere, landete an fremden Sandstränden und nahm die neuen Gebiete in Besitz. So wurde er zum Gouverneur einer neu entdeckten Insel oder eines eroberten Landes.

Auf dem vierten Schlafanzug waren viele große Vögel abgebildet. Schlief der Junge in diesem Schlafanzug, dann konnte er sich im Traum in die Lüfte erheben. Weit breitete er seine Flügel aus, schlug eifrig mit seinen großen Schwingen, bis er in der Luft war, dann ließ er sich mithilfe aufsteigender warmer Luft immer höher in den Himmel tragen. Er zog weite Kreise und stieg immer höher und höher hinauf, sogar bis zu den Wolken. Die Menschen auf der Erde wurden immer kleiner und kleiner und der Junge fühlte sich herrlich frei.

Der nächste, also der fünfte Schlafanzug, hatte Feuerwehrautos und Feuerwehrmänner aufgedruckt. In ihm, da war der Junge ein mutiger Feuerwehrmann, der zusammen mit den anderen Feuerwehrmännern im Feuerwehrauto zu einem brennenden Haus fuhr. Laut erklang die Sirene des Fahrzeuges und das Blaulicht erleuchtete die Nacht. Unter großem Einsatz rettete der Junge nun das Leben der Bewohner und löschte den Brand.

Schlafanzug Nummer sechs hatte Astronauten und

Weltraumraketen aufgedruckt und, wie du schon richtig vermutest, war der Junge, wenn er ihn trug, ein großer Astronaut. Unter großem Getöse flog er mit seiner Rakete hinauf in den Weltraum, schaute sich unseren wundervollen blauen Planeten aus der Ferne an, landete auf dem Mond oder auf einem weit entfernten Stern, nahm Gesteinsproben und stellte eine Fahne auf, bevor er wieder zur Erde zurückkehrte, wo er mit großem Applaus und Jubel empfangen wurde.

Jede Nacht hatte der Junge einen dieser Schlafanzüge an und am Samstag wurden sie gewaschen. Deshalb trug er in der Nacht von Samstag auf Sonntag den siebten Schlafanzug. Dieser war ganz weiß und hatte keinerlei Aufdruck. Der Junge war traurig: „Ich will diesen Schlafanzug nicht!“, sagte er zu seiner Mutter, „wovon soll ich denn träumen, wenn ich ihn anhabe?“

„Nun“, antwortete die Mutter, „gerade das ist ja das Besondere an diesem Schlafanzug, lass dich einfach überraschen.“

Und so zog der Junge den weißen Schlafanzug an und legte sich neugierig ins Bett. Zuerst konnte er nicht einschlafen, aber plötzlich, da war er in einem wundervollen, kunterbunten Zauberland. Die Blumen dort waren größer als er selbst und er konnte mit den durchsichtigen Elfenflügeln, die plötzlich auf seinem Rücken waren, fliegen, wohin er wollte. Er fand viele großartige Spielkameraden, die mit ihm Verstecken und andere Spiele spielten. Sie sprangen durch herrliche Pfützen, tummelten sich auf den bunten Blütenblättern der Blumen, flogen hinauf zu den Wolken und legten sich dort in die Sonne. Ach, wie wundervoll war doch diese Phantasiewelt. Kein Wunder, dass der Junge am Sonntagmorgen nicht aufwachen wollte.

Drei Tage einer Eintagsfliege

Eintagsfliegen, ach, was können die lästig sein. Sie können furchtbar nerven und sind manchmal doch nur schwer zu „erlegen“. Aber, sie leben ja eh nur einen Tag, oder?

Jedenfalls hatte Herr Wiedehopf, der Eintagsfliegen regelrecht hasste, aus diesen Gründen sein Häuschen so gut wie möglich gegen diese lästigen Biester abgedichtet. An jedem Fenster hatte er ein Fliegengitter angebracht und an den Außentüren seines Hauses, zwei Stück an der Zahl, gab es ebenfalls Schwingtüren, die mit Fliegengittern versehen waren.

Ob diese Vorsicht übertrieben war? Nun, nicht allzu weit vom Haus des Herrn Wiedehopf entfernt, gab es einen Bauernhof, noch so richtig mit Kühen, Schweinen, Hühnern und Enten und ... einem gigantischen Misthaufen.

Und die wohl größte Anzahl an Lebewesen auf diesem Bauernhof waren eindeutig die Eintagsfliegen.

Mal ehrlich, wer würde sich über eine Fliege auf seinem Marmeladenbrötchen freuen? Noch dazu, wenn er ahnte, dass sie sich zuvor vielleicht auf einem Misthaufen aufgehalten hatte?

Aber genau das geschah an jenem Morgen in

Herrn Wiedehopfs Haus. Er hatte sich zum Frühstück ein herrliches, leckeres Erdbeermarmeladenbrötchen geschmiert und als er am Tisch saß und gerade einen Schluck Kaffee trank, sauste eine Eintagsfliege heran und ließ sich gemütlich auf dem Brötchen am Rand der Marmelade nieder, um davon zu naschen. Vor lauter Schreck verschluckte sich Herr Wiedehopf an dem noch heißen Kaffee, gleichzeitig wedelte er mit der freien Hand, um die Fliege zu verscheuchen, und dann musste er erst mal fürchterlich husten.

Kaum hatte er fertig gehustet, da setzte sich die Fliege erneut auf das Marmeladenbrötchen. Herr Wiedehopf wedelte mit der einen Hand und als die Fliege wegfliegen wollte, schlug er mit der anderen Hand zu. Direkt auf den Tisch, neben seinen Teller, wollte er schlagen, ein für Eintagsfliegen unbedingt tödlicher Hieb. Aber, ... Herr Wiedehopf hatte in der Aufregung wohl etwas schlecht gezielt, jedenfalls traf er mit der Handkante den Rand des Tellers. Durch diesen Schlag auf den Tellerrand wurden die beiden Marmeladebrötchenhälften hoch in die Luft geschleudert und landeten nach einem eleganten Flug unten auf dem hellen Teppichboden, natürlich mit der Marmeladenseite nach unten.

Und die Fliege?

Die summte durchs Zimmer und es hörte sich für Herrn Wiedehopf an, als würde sie ihn fürchterlich auslachen.

Mit hochrotem Kopf sprang er auf, um die beiden Marmeladebrötchenhälften schnell vom Boden aufzuheben. Er legte sie auf den Teller zurück und eilte in die Küche, um ein feuchtes Tuch zu holen und damit den Teppichboden zu säubern.

Als er damit fertig war, wollte er den Teller mit den beiden Brötchenhälften in die Küche tragen, um sie in den Müll zu werfen, da saß schon wieder die Fliege auf dem Teller. „Ha", rief Herr Wiedehopf, „hat es dich wenigstens ein wenig erwischt!" Denn auf einem Flügel der Fliege war deutlich ein roter Marmeladenfleck zu sehen. Herr Wiedehopf hoffte nun, dass dadurch die Flugeigenschaften der Fliege beeinträchtigt wären. Er nahm vorsichtig den Teller und ging damit in die Küche. Vielleicht würde es ihm gelingen, die Fliege im Müll zu versenken.

Falsch gedacht. Kurz bevor er den Müll erreichte, flog die Fliege davon.

Herr Wiedehopf hatte nun keine Zeit mehr, sich um die Fliege zu kümmern, denn er musste zur Arbeit. Es war Freitag und er freute sich schon auf den Feierabend und das Wochenende.

In der Arbeit knurrte ihm ständig der Magen, da er ja nichts gefrühstückt hatte, und das erinnerte ihn den ganzen Tag an die Fliege in seinem Haus. Deshalb ging er nach Feierabend noch in einem Geschäft vorbei, um „Fliegenfänger“ zu kaufen. Das sind diese furchtbar klebrigen, gelben Streifen, die man an die Decke hängt, und mit denen man die Fliegen anlockt. Hat sich eine Fliege da erst mal drauf gesetzt, dann kommt sie nicht mehr davon los.

Mit guter Laune kam Herr Wiedehopf zuhause an, befestigte den Fliegenfänger an der Decke, nahm zusätzlich noch eine Fliegenklatsche zur Hand und setzte sich erwartungsvoll in seinen Sessel. Er wartete und wartete, aber von der Fliege war nichts zu sehen und nichts zu hören. „Na“, dachte er erfreut, „wahrscheinlich ist ihr Tag und somit ihr Leben schon vorbei.“ Er gähnte schläfrig und schlief kurz darauf in seinem Sessel ein.

Doch kaum war er eingeschlafen, da summte es plötzlich direkt vor seiner Nase und er spürte, dass ihn dort etwas kitzelte. Er riss verschlafen die Augen auf und erkannte direkt auf seiner Nasenspitze die freche Fliege. Im ersten Moment wollte er schon zuschlagen, konnte sich aber noch rechtzeitig zurückhalten, denn er hätte sich unweigerlich selbst auf die Nase gehauen.

Die Fliege flog auch schon davon, Herr Wiedehopf sprang auf und eilte ihr, die Fliegenklatsche drohend in der Hand, hinterher. Aber, nur die Fliege im Blick, hatte er nicht an den Fliegenfänger gedacht und dieser wickelte sich plötzlich mit all seiner Klebekraft um seinen Kopf, in die Haare und quer übers Gesicht. Herr Wiedehopf schrie vor Schreck auf und rannte samt Fliegenfänger, den er dabei von der Decke riss, ins Bad.

Es war eine schreckliche, quälende Arbeit, den Fliegenfänger von seinem Kopf zu bekommen. Er musste einige Haare abschneiden und sich viele Male das Gesicht waschen, um das klebrige Zeug zu entfernen.

Nach dieser anstrengenden Arbeit gönnte er sich erst einmal ein Glas Rotwein, er setzte sich in den bequemen Sessel, langte nach dem Rotweinglas und … da war sie wieder, frech wie Oskar, saß sie auf dem Rand des Weinglases, den Kopf nah am Wein. Herr Wiedehopf fuchtelte mit den Händen und, rums, warf er das Weinglas um. Der schöne Rotwein lief über die Tischdecke und hinab auf den Teppich. Wutentbrannt griff Herr Wiedehopf zur Fliegenklatsche, aber so sehr er auch spähte und lauschte, von der Fliege war weit und breit nichts zu sehen.

Mit einem: „Na warte! Du bist eine Eintagsfliege und morgen bist du, rrrrt!“, fuhr er sich andeutungsweise mit dem Finger über die Gurgel.

Er schlich vorsichtig in sein Schlafzimmer und ging ins Bett, nachdem er die Rotweinflecken so gut wie möglich beseitigt hatte.

Am nächsten Morgen, er träumte gerade seinen

Lieblingstraum, kitzelte ihn etwas an der Nase. Ein paar Mal rieb er sich im Halbschlaf die Nase, aber das Kitzeln kam immer wieder zurück. Und dann, als er wieder mit der Hand an seiner Nase rieb, hörte er es: „Sssssssss......“

„Nein!“, rief er und sprang aus dem Bett, „das gibt es nicht! Das kann nicht sein, nicht schon wieder.“

Da saß sie an der Wand neben dem Schrank und sie hatte einen roten Marmeladefleck auf dem Flügel. Sie war es!

Mit dem Hausschlapfen in der Hand stürzte sich Herr Wiedehopf auf den schwarzen Fleck an der Wand, holte weit aus und als er zuschlagen wollte, blieb er mit dem Arm an der Stehlampe hängen, diese fiel um und ging zu Bruch.

Die Fliege flog davon, Herr Wiedehopf sprang hinterher und mit seinem nackten Fuß direkt in die Scherben der kaputten Lampe.

Unter Jammern humpelte er auf seinem unverletzten Bein ins Bad und versorgte die Schnittwunden an seinem verletzten Fuß.

Danach frühstückte er unter ängstlichen Blicken schnell in der Küche und verbrachte den restlichen Tag in seinem Garten, immer in der Hoffnung, dass die Eintagsfliege bis zum Abend nicht mehr leben würde.

Am Abend saß er dann gemütlich vor dem Fernseher, neben sich auf dem Tisch ein kühles Glas Bier, erfreute er sich an der Sendung, als plötzlich - „summ“ - die Fliege direkt auf seiner Nase landete. Mit voller Wucht schlug er reflexartig zu und schrie auf. Er hatte sich selbst heftig auf die Nase geschlagen und die Tränen schossen ihm in die Augen. Er ging getrübten Blickes ins Bad, um seine Nase mit Wasser zu kühlen. Als er wieder zurückkam, suchte er nach der toten Fliege, denn dieses Mal musste er sie erwischt haben. Aber er fand sie nirgends. Gerade wollte er zu seinem Bier greifen, da entdeckte er sie. Sie saß am Rand des Bierglases und erfreute sich an Herrn Wiedehopfs Bier.

Herr Wiedehopf schäumte vor Wut, aber er wollte nicht, wie gestern, das Glas umwerfen und überlegte, wie er die Fliege denn endlich loswerden konnte.

Am liebsten wollte er das freche Biest im Bier ersäufen, das würde ihr eine Lehre sein, na ja, als Lehre käme das dann wohl zu spät. Herr Wiedehopf musste bei dem Gedanken schmunzeln. Die Fliege hatte sich unterdessen wohl satt getrunken, denn bevor Herr Wiedehopf noch etwas unternehmen konnte, flog sie davon.

Vorsichtig wischte er den Rand des Bierglases ab und trank einen ordentlichen Schluck, aber das Bier wollte ihm nicht so richtig schmecken. Mit schlechter Laune schlich er ins Schlafzimmer, sehr darauf bedacht, die Fliege „auszusperren“ und ging ins Bett.

Es war eine ruhige Nacht, von der Fliege war nichts

zu hören und zu sehen, wie auch, im Dunkeln?

Am nächsten Morgen machte sich Herr Wiedehopf sein Sonntagsfrühstück, Eier mit Speck. Die Fliege hatte er ganz vergessen. Er trug mit großem Appetit und gut gelaunt seinen Teller zum Esstisch, als plötzlich etwas Schwarzes um seinen Kopf herumflog und sich mitten auf dem leckeren Frühstück niederließ. Mit einem Aufschrei wedelte Herr Wiedehopf mit seiner freien Hand über den Eiern mit Speck, um die Fliege zu vertreiben. Dabei berührte er versehentlich den Teller und so flog das leckere Frühstück in hohem Bogen auf den Boden.

Mit wutverzerrtem Gesicht trampelte Herr Wiedehopf mit beiden Beinen abwechselnd auf den Boden und schimpfte ohne Unterlass.

Er lief in die Küche, um Kehrschaufel und Besen zu holen, damit er die Eier und den Speck vom Boden entfernen konnte. Als er gerade beginnen wollte, sah er sie, da, neben den Eiern mit Speck lag sie auf dem Boden und regte sich nicht.

„Ahhh, du kleine Nervensäge, hab ich dich erwischt“, meinte Herr Wiedehopf. Vermutlich hatte er sie beim Trampeln mit seinen Füßen erledigt, als sie gerade vom Speck naschen wollte.

Eine Frage jedoch beschäftigte Herrn Wiedehopf seitdem immer wieder: „Warum, um alles in der Welt, heißen diese Nervensägen Eintagsfliegen, wo sie doch wesentlich länger nerven?“

Die Weide und die Kätzchen

Es war einmal in einem zauberhaften Land, da gab es in einem wunderschönen, breiten Tal ein kleines Dorf. Das Dorf bestand aus zwölf Häusern. Alle Bewohner des Dorfes waren Bauern und so gab es rund um das Dorf viele Felder.

Ein kleiner, lustig hüpfender Bach schlängelte sich durch das Tal und mitten im Dorf, da mündete er plötzlich in einen großen Teich, den Dorfteich, an dem ein großer Teil des Dorflebens stattfand.

Am Morgen kamen die Bauersfrauen zum Teich, um sich in großen Eimern Wasser zu holen, mit dem sie die Pflanzen in ihren Gärten gossen. Zu Mittag dann kamen die Frauen wieder, um Wasser zu holen, dieses Mal brauchten sie das Wasser, um Essen zu kochen.

Tja, und am Abend, da kamen die Frauen erneut, dieses Mal waren auch die Männer dabei, und alle wuschen sie sich den Schmutz ihrer Tagesarbeit mit dem Wasser des Teiches ab.

An der Stelle, an der das Wasser des Teiches wieder in das Bächlein zurückfloss, da wuchs seit einigen Jahren eine Weide. Sie war schon sehr groß und hatte lange, sehr bewegliche Äste, die fröhlich im Wind hin- und herschaukelten.

Etwas unterhalb der Weide wurden jeden Abend die Kühe getränkt, bevor sie zur Nachtruhe in den Stall gebracht wurden. Die Weide schaute dann immer etwas ängstlich zu den Kühen, denn diese könnten ja in Versuchung kommen, an ihren zarten Ästen zu knabbern. Aber da die Kühe den ganzen Tag auf der Wiese verbracht hatten, wo es zarte Gräser und leckeren Löwenzahn gab, waren sie wohl schon satt und so ließen sie die Weide in Ruhe.

Nachdem die Kühe gegangen waren und die Nacht hereinbrach, schlich fast jeden Abend eine Katze in der Nähe der Weide herum. Es war Maunz, die Katze eines Bauern aus dem Dorf. Tagsüber, wenn die Kühe auf der Weide und der Bauer und die Bäuerin auf dem Feld waren, dann schlich Maunz durch den Stall und das Haus und fing Mäuse, die sich dort am Getreide oder den Lebensmitteln der Familie zu schaffen machten. Aber am Abend und in der Nacht, da waren die Menschen im Haus und die Kühe im Stall, und Maunz zog es vor, in dieser Zeit draußen herumzuschleichen.

Hin und wieder traf sie sich dann auch mit Kuno, dem stattlichen Kater eines anderen Bauern aus dem Dorf.

Eines Tages kam Maunz jedoch schon am hellen Tag in die Nähe der Weide. Die Weide wunderte sich noch darüber, als hinter Maunz plötzlich fünf kleine

Katzenkinder hinterhertapsten.

„Ah!“, dachte die Weide, „Maunz hat Kinder bekommen und zeigt ihnen nun das Dorf.“ Ach, wie süß die Kleinen ausschauten. Die kleinen Pfötchen, das flauschige Fell, die herzigen Näschen. Die Weide erfreute sich an dem Anblick.

Wenige Tage später waren die fünf Katzenkinder alleine am Teich. Sie spielten, sprangen sich gegenseitig an, schnupperten an den Blumen und kullerten durch das Gras. Nach einiger Zeit kletterte eines der Kätzchen auf einen kurzen Balken, der am Ufer des Teiches im Wasser lag. Neugierig folgten ihm die anderen Kätzchen.

Das letzte hüpfte eilig vom Ufer auf den Balken, dadurch löste sich der Balken vom Ufer und schwamm nun mit den kleinen Kätzchen als Passagiere mitten in den Teich hinein.

Ach herrje, nun gab es ein klägliches Miauen und furchtbar ängstlich tapsten die Kätzchen auf dem Balken umher.

Am Ufer stand plötzlich Maunz und miaute mit aller Kraft um Hilfe, aber niemand konnte sie hören, denn alle Bauern und Bäuerinnen waren bei der Arbeit auf den Feldern. Immer weiter schwamm der Balken mit den Kätzchen darauf in den Teich hinein. Da die Kätzchen nicht stillhielten, schaukelte der Balken immer mehr und drohte zu kippen.

Gerade als der Balken in Richtung des Bächleins schwamm, das aus dem Teich herausführte, war es dann auch soweit. In ihrer Angst waren die Kätzchen zu sehr hin- und hergesprungen, plötzlich kippte der Balken um und alle fünf Kätzchen fielen ins Wasser.

Maunz stand am Ufer und miaute so laut sie nur konnte, aber kein Mensch hörte sie.

Kein Mensch hörte sie, wohl aber die Weide.

Diese senkte schnell all ihre Äste ins Wasser hinab und das gerade im rechten Augenblick. Ein Kätzchen nach dem anderen klammerte sich mit den Pfötchen an den Ästen der Weide fest und diese zog nun mit aller Kraft die ängstlichen Kätzchen mit ihren langen Ästen ans Ufer.

Puuuuh! Nun schüttelten sich die geretteten Kätzchen erst einmal das Wasser aus dem Fell. Da kam auch schon Maunz angerannt und nachdem sie mit ihren Kindern ordentlich geschimpft hatte, leckte sie ihnen das Fell.

Dann ging sie zu der Weide, um sich bei ihr zu bedanken. Schnurrend rieb sie sich an ihrem Stamm und die Weide freute sich sehr darüber. Wie weich sich doch das Katzenfell anfühlte.

Einige Monate später, der Winter war gerade vorbei, da wuchsen plötzlich an den Ästen der Weide zuerst merkwürdige Knospen und ein wenig später wuchs aus jeder Knospe etwas heraus, das wie ein

Katzenfell ausschaute. Es war grau und herrlich weich, wie das Fell von jungen Kätzchen. So etwas hatte die Weide bis dahin nicht erlebt.

Eines Abends kam Maunz zu der Weide und sagte: „Die weichen Kätzchen, die an deinen Ästen wachsen, sind zum Dank dafür, dass du meine Kinder gerettet hast."

Von da an wuchsen der Weide jedes Jahr nach dem Winter viele, weiche Kätzchen und die Weide freute sich sehr darüber.

Das Märchen vom mutigen Käfer

Auf einer kunterbunten Blumenwiese wohnte einmal ein mutiger Käfer. Wo andere Käfer ängstlich davonkrabbelten, da lag für ihn die Herausforderung.

Einmal, da stand er sogar auf einer Blume und verteidigte sich erfolgreich mit seinen kleinen Zangen, die vorne an seinem Kopf waren, gegen einen Vogel, der ihn fressen wollte. Die anderen Käfer jubelten ihm nach dem Kampf aus ihren Verstecken zu und bewunderten seinen Mut.

So erlebte der mutige Käfer viele Abenteuer. Das größte Vergnügen jedoch bereitete es ihm, ganz hoch hinauf in den Himmel zu fliegen, so hoch wie noch nie zuvor ein Käfer geflogen war.

Und so geschah es dann eines Tages. Der mutige Käfer war gerade mal wieder auf einem „Höhenflug“, da flog ein Bussard ganz in seiner Nähe. Der Käfer flog schnell noch höher, denn, so dachte er sich, der Bussard würde vor allem die Welt unter sich beobachten und nicht den Himmel über sich. Und er hatte recht. Dem Käfer gefiel das so, dass er gleich noch ein Stück höher flog. Mutig streckte er dem Bussard von dort oben die Zunge raus, aber der sah das zum Glück des Käfers nicht.

Dem Käfer gefiel es da hoch oben am Himmel und als er eine dicke weiße Wolke sah, flog er noch höher und – schwupps - war er plötzlich mitten in der Wolke verschwunden. Plötzlich konnte er nichts mehr sehen und so flog er einfach immer weiter nach oben, so konnte er sich nicht verfliegen und irgendwann musste er ja aus der Wolke wieder herauskommen.

Als es soweit war und der Himmel über ihm wieder blau wurde, bot sich ihm ein fantastischer Ausblick auf die Erde. Gerade begann die Sonne damit, sich hinter dem Horizont zu verstecken und so leuchtete sie in einem herrlichen Orange. Der Käfer flog schnell noch höher, er wollte mit der Sonne spielen, denn wenn er höher flog, konnte die Sonne sich nicht so leicht verstecken. Aber die Sonne war auf Dauer doch schneller als der Käfer und so verschwand sie letztlich hinter dem Horizont.

Nun wurde es dunkel am Himmel und der Käfer überlegte gerade, was er denn nun tun sollte, da entdeckte er den Mond. Der Mond erschien ihm so groß wie noch nie zuvor und der Käfer dachte sich: „Wo ich nun schon mal so hoch geflogen bin, könnte ich doch eigentlich gleich weiter fliegen und versuchen, den Mond zu erreichen."

Puh! Da hatte sich der Käfer nun freilich etwas vorgenommen. Er flog und flog und kam dem Mond doch kaum näher. Aber der Käfer verlor sein Ziel nicht aus den Augen und irgendwann war es dann so weit, er landete auf dem Mond.

„Nanu“, wunderte er sich, „keine Blumen, kein Grashalm, keine Bäume, nichts.“ Unglaublich still war es auf dem Mond. Der Käfer legte sich erst mal hin, um eine Runde zu schlafen, denn der lange Flug von der Erde zum Mond war doch ziemlich anstrengend gewesen.

Als er wieder aufwachte, rieb er sich die Äuglein und schaute sich um, grau und trist schaute es hier auf dem Mond aus, und dann sah er in weiter Entfernung die Erde, von der er gekommen war. „Boa ey“, rief der Käfer überrascht, „schaut die Erde von hier oben cool aus. Ich bin auf einem wundervollen Planeten zuhause“, stellte er fest.

Aber dann sah er auf der anderen Seite des Himmels noch einen Planeten, dieser leuchtete im Gegensatz zur blauen Erde in einer orangebraunen Farbe, es war der Mars.

Neugierig breitete der Käfer seine Flügel aus und schon war er auf dem Weg, um sich den Mars anzuschauen.

So flog der mutige Käfer immer weiter ins Weltall hinaus, zunächst zum Mars, von dort aus zum nächsten, einem gigantisch großen Planeten namens Jupiter, dann zum etwas kleineren Saturn, von dort aus zum Uranus, zum Neptun und zum Pluto. Immer weiter flog der mutige Käfer und ... wenn das Universum genauso rund ist wie unsere Erde, dann kommt er eines Tages bestimmt von der anderen Seite wieder zu uns zurück.

Das Nähkästchen

Es war einmal, vor gar nicht so langer Zeit, da gab es ein wundervolles Nähkästchen, das war aus hellem Holz und hatte bunte Muster auf den Seiten und auf seinen zwei Deckeln. Es hatte einen Henkel, mit dem man es tragen konnte, und auf jeder Seite drei Fächer, in denen die verschiedenen Dinge waren, die man zum Nähen brauchte. Die Fächer konnte man, ähnlich wie Schubladen, nach außen aufziehen und wenn man das tat, dann waren die Schubladen in der Form einer Treppe geöffnet. Drei „Stufen" nach links und drei nach rechts.

Zwei Fächer des Nähkästchens waren voll mit Spulen, auf denen dünne Fäden in vielen verschiedenen Farben aufgespult waren, von Gelb bis Rot, von Grün bis Blau, es gab unglaublich viele verschiedene Farbtöne, selbst in Braun, Schwarz und Weiß gab es sie.

In einem anderen Fach befanden sich Nähnadeln in allen Größen, von klitzekleinen Nadeln mit einem winzigen Nadelöhr bis zu riesengroßen Nadeln waren alle vorhanden. Selbstverständlich gab es in diesem Fach auch verschiedene Einfädler in unterschiedlichen Größen.

Diese Einfädler braucht man, um den dünnen Faden durch das Nadelöhr zu bringen, denn wer schon einmal versucht hat, einen Faden ohne diese Hilfe durch das Nadelöhr zu stecken, der weiß, dass das, zumindest bei den kleineren Nadeln, fast unmöglich ist.

Außerdem gab es in diesem Fach noch sogenannte Stecknadeln mit lustigen, bunten Köpfen. Diese Stecknadeln braucht man, um Stoffe, die man zusammennähen will, vorher zusammenzustecken, zu fixieren.

Dann gab es in diesem Fach noch den Naht-Trenner, er war scharf wie eine Rasierklinge und mit ihm konnte man, wie der Name schon sagt, Nähte wieder auftrennen. Zu guter Letzt lagen in diesem Fach noch einige silbrige Druckknöpfe.

In einem weiteren Fach lagen zwei verschieden große Scheren, außerdem zwei Fingerhüte, viele Sicherheitsnadeln und ein Maßband, mit dem man zum Beispiel den Bauchumfang oder die Armlänge messen konnte, damit ein neu genähtes Hemd nicht zu eng wurde oder die Ärmel nicht zu kurz oder zu lang gerieten.

Im nächsten Fach gab es jede Menge Knöpfe, große, kleine, bunte, einfarbige, es gab sie in vielen verschiedenen Formen, rund, viereckig, dreieckig und so weiter. Das ganze Fach war voll mit wundervollen Knöpfen.

Im letzten Fach, da lagen, auf einen Pappkarton aufgewickelt, ein weißes Gummiband und viele kleine

Stoffreste.

Eines Abends, eine der Nähnadeln war kurz vorher, nach vollbrachter Arbeit, wieder in das Nähkästchen zurückgelegt worden, da begann sie stolz zu erzählen, wie sie dank ihrer Arbeit die Naht einer Hose gerettet hatte. „Es gibt ja wohl keinen Zweifel“, beendete sie ihre Geschichte, „dass ich das wichtigste Teil hier im Nähkästchen bin!“

Rundherum gab es da ein unzufriedenes Raunen und einer der Fäden rief empört: „Das glaubst du doch wohl selbst nicht! Wer ist es denn, der die Naht der Hose nun wieder zusammenhält? Na, wer? Genau, wir Fäden sind die Wichtigsten hier im Nähkästchen.“

Abermals begann ein Raunen im Nähkästchen und unter den Knöpfen begann einer zu kichern. „Wie... hahaha“, lachte der Knopf, „wie sollten die Menschen denn ihre Kleider an- oder ausziehen, wenn wir Knöpfe nicht wären? Und wehe, es fehlt ein Knopf am Hemd oder an der Hose, dann sind wir es, nach denen als erstes gelangt wird. Also sind wir hier ja wohl die Wichtigsten.“

Wieder ging ein unzufriedenes Raunen durch das Nähkästchen und nun begann ein Hin und ein Her: „Ohne mich ...“, begann die Schere gerade, da rief das Maßband witzig dazwischen: „Drei Mal abgeschnitten und immer noch zu kurz, nein, nein, nur mit mir …“, aber auch das Maßband konnte nicht ausreden, denn nun rief die Sicherheitsnadel dazwischen: „Ich bin es, die als erstes …“, doch auch sie konnte ihren Satz nicht vollenden, denn der Fingerhut rief laut: „Autsch!“

Sofort war es ruhig und nach einer Kunstpause fuhr der Fingerhut fort: „Seht ihr, ohne mich würde kein vernünftiger Mensch eine Nadel anfassen.“

Das wollten die Nadeln jedoch nicht auf sich sitzen lassen und schimpften gegen den Fingerhut. Auch alle anderen im Nähkästchen begannen zu schimpfen und zu wettern, bis es dem Nähkästchen zu bunt wurde und es mit lauter Stimme fragte: „Hey, was ist denn los mit euch? Werdet ihr wohl Ruhe geben!“

Für einen kurzen Moment war es wirklich ruhig im Nähkästchen, aber jedes Teil dachte, es selbst wäre das wichtigste Teil hier im Nähkästchen. So ging es murmelnd weiter, bis auf einmal einer der Einfädler eine Idee hatte:

„Hört mal“, sagte er mit einer etwas schüchternen Stimme, räusperte sich und fuhr fort, „warum fragen wir nicht das Nähkästchen, wer von uns hier der Wichtigste ist?“

Diesen Vorschlag fanden viele gut, denn schließlich behütete das Nähkästchen sie alle, und so fragte dann die Nadel mit einem Grinsen rund um das Nadelöhr:

„Hey, Nähkästchen, wir können uns nicht einigen, wer von uns hier der Wichtigste ist, kannst du nicht allen sagen, dass ich das bin?“

„Oje“, stöhnte das Nähkästchen, „was seid ihr doch für eingebildete Tölpel. Jeder von euch ist wichtig, aber keiner von euch ist der Wichtigste, denn was sollte einer alleine ausrichten? Was wärst du, Nadel, denn ohne den Faden? Du würdest dich durch den Stoff pieksen, aber alleine könntest du nichts bewirken. Was wären der Faden oder der Stoff ohne die Schere? Niemand könnte euch entsprechend kürzen. Kapiert es doch, nur als Team seid ihr wichtig und könnt Großartiges leisten, jeder für sich alleine könnte wohl kaum so etwas Großartiges zustande bringen wie ihr alle zusammen.“

Und so kehrte im Nähkästchen wieder Ruhe ein, denn jedes Teil musste einsehen, dass das Nähkästchen recht hatte, nur gemeinsam waren sie stark.

Eine Vogelgeschichte

Nachdem der lange, kalte Winter sich endlich seinem Ende zuneigte und der Schnee hinweggeschmolzen war, fand Frau Birdy, eine junge Vogeldame, endlich unter dem alten Laub des Vorjahres den einen oder anderen Wurm und so musste sie keinen Hunger mehr leiden. Dennoch war es ganz schön mühselig, jedes Blatt mit dem Schnabel herumzudrehen und nachzuschauen, ob ein dickes, kleines Würmchen darunter krabbelte.

Nach dieser anstrengenden Arbeit, wenn sie genügend Würmchen gefunden hatte, um ihr kleines Bäuchlein zu füllen, putzte sie ordentlich ihre Federn, denn nun wollte sie Ausschau nach einem Mann halten, mit dem sie Hochzeit halten könnte. Dann würden die beiden zusammen ein Nest bauen. Frau Birdy hatte auch schon einen geeigneten Platz dafür gefunden. Tief versteckt in einem dichten Efeugewächs, das an einem hohen Gartenzaun wuchs, waren viele Äste ineinander verwoben. Dort konnte man das Nest sicher und geschützt bauen. Kein Wind könnte es dort herunterblasen, keine Katze und kein Marder würden es dort erreichen, so hoffte sie zumindest.

Am frühen Morgen saß sie zusammen mit anderen

Vögeln auf den Ästen eines Birnbaumes, der jedoch noch keine Blätter trug, und zwitscherte schöne Lieder. Dabei schielte sie genauso wie die anderen Vogeldamen zu den Vogelmännchen, um sie zu mustern. Wer von ihnen wäre wohl der geeignetste Partner?

Ein paar Tage später hatte sie ihre Entscheidung getroffen, sie heiratete den Mann ihrer Wahl und schon begann mit großem Fleiß der Nestbau. Frau Birdy und ihr Mann flogen ständig umher und sammelten eifrig kleine Äste, Gras und Moos, alles, was sie für ihren Nestbau gebrauchen konnten, und dann steckten sie all diese Dinge kunstvoll auf den verzweigten Ästen im Efeu ineinander.

Schnell wuchs das Nest heran, bekam einen schönen, hohen Rand, damit die kleinen Vogelkinder später nicht aus dem Nest purzeln würden, und wurde innen schön weich mit Moos ausgelegt.

All das erledigten die beiden in nur wenigen Tagen und dabei mussten sie sich so ganz nebenbei jeden Tag ihr Futter suchen.

Nur wenige Tage nachdem das Nest fertiggestellt war, lagen eines Morgens fünf kleine Eier im Nest. Nun konnte Frau Birdy das Nest nicht mehr verlassen, sie saß auf den Eiern, um sie warmzuhalten und auszubrüten. Jetzt musste ihr Mann das Futter für sie beide besorgen, aber sie hatte sich einen zuverlässigen Mann ausgesucht, der auch vorsichtig war, denn die Futtersuche war nicht ungefährlich. Ein Vogel muss sich dabei vor Katzen und anderen Tieren in Acht nehmen.

Nachts waren die beiden zusammen im Nest, wärmten die Eier und hielten Wache. Einmal kam ein Marder unter den Zaun geschlichen, aber er entdeckte das Nest zum Glück nicht, sonst wäre es sehr gefährlich geworden.

Ein anderes Mal kam am Nachmittag ein wilder Sturm herangebraust und nun zeigte es sich, dass die beiden ihr Nest sehr gut gebaut hatten, denn es hielt selbst den stärksten Windböen stand.

Einige Tage später zuckte Frau Birdy plötzlich etwas zusammen, eines der Eier hatte sich bewegt und als sie nachschaute, da begann das Ei auch schon auseinanderzubrechen und ein kleines, nacktes Vögelchen zwängte sich mühsam heraus.

Kaum war das geschehen, da begann sich auch schon das nächste Ei zu regen und in kürzester Zeit lagen fünf kleine, nackte und sehr hungrige Vögelchen im Nest.

Nun begann eine Zeit mit viel Arbeit für Frau Birdy und ihren Mann, denn nun mussten sie ständig Futter für ihre jungen Kinder suchen.

Eilig flogen die beiden herum, um Würmchen oder Insekten zu fangen, und wenn Frau Birdy mit einem Würmchen im Schnabel zum Nest geflogen kam, dann zwitscherten ihre Kinder um die Wette und jedes der Kinder wollte den Wurm haben.

Als die Kinder schon etwas größer waren, da streckten sich ihr drei hungrige Schnäbelchen aus dem Nest entgegen und eines ihrer Kinder rief:

„Ach Mutter, hast du denn nicht mehr dabei? Nur einen Wurm? Wir sind doch drei."

Da reckte sich ein weiteres Schnäbelchen hervor und rief: „Nein, vier!", und noch ein Schnäbelchen tauchte auf und das rief: „Nein, fünf!"

Schnell legte Frau Birdy das Würmchen in eines der Schnäbelchen und schon war sie wieder unterwegs. Dann kam auch schon ihr Mann und ein weiteres Würmchen verschwand in einem der aufgesperrten Schnäbel.

So ging das Tag für Tag. Die Vogelkinder wurden größer und bekamen zuerst dichten Flaum auf der nackten Haut und dann wuchsen ihnen Federn.

Da die Kinder so groß geworden waren, wurde es ziemlich eng im Nest und immer häufiger drohte eines der Vogelkinder, beinahe aus dem Nest zu fallen.

Hin und wieder stand eines der Kleinen auf dem Rand des Nestes und testete mit ein paar Flügelschlägen, wie das denn gehen würde mit dem Fliegen. Und eines Tages war es dann soweit, mit heftigem Flügelschlagen hob das erste der fünf Kinder ab und fing sich von da an seine Würmchen und Insekten selbst. Und schon kurze Zeit später taten es ihm die anderen nach.

Stolz schauten Frau Birdy und ihr Mann ihnen zu. Nun konnten sie etwas ausruhen und mussten nur noch ihr eigenes Futter suchen.

Das Märchen von den zwei Blümchen

Es war einmal vor langer Zeit, da gab es hinter einem gemütlichen, schnuckeligen Häuschen einen kleinen Garten. Auf verschiedenen Beeten wuchsen Erdbeeren, Salat, Tomaten, Gurken, Bohnen, Gemüse und noch einiges anderes.

Ganz nah am Häuschen jedoch, da war ein einzelnes Beet, das war mit Steinen eingefasst und hier wuchsen, unter vielen anderen, zwei herrliche Blümchen.

Zuerst war von ihnen nur wenig zu sehen, lediglich zwei grüne Spitzen schauten rank und schlank aus der Erde hervor. Aber mit jedem Tag wuchsen die Blümchen weiter.

Höher und immer höher schoben sich die grünen Stängel aus der Erde, dem blauen Himmel über ihnen entgegen. Fast schien es, als wären die Blümchen im Wettstreit miteinander, wer von ihnen beiden zuerst die weißen Wolken am Himmel erreichen würde.

Aber ganz so hoch wuchsen die Blümchen dann doch nicht. Als sie etwa 30 Zentimeter hoch waren, hörten sie plötzlich damit auf, sich weiter in den Himmel zu strecken. Stattdessen begannen sich an ihren oberen Spitzen zwei Knospen zu bilden, die von Tag zu Tag größer und schwerer wurden.

Eines Tages geschah dann etwas Unglaubliches.

Als am frühen Morgen die ersten Sonnenstrahlen auf die Knospen schienen und sie wärmten, da öffneten sich die beiden Knospen vorsichtig ein klein wenig und ganz zart schauten einige wundervolle Blütenblätter neugierig in die Welt hinaus. Da nicht alle Blütenblätter gleichzeitig hinausschauen konnten, aber alle gerne die Welt da draußen sehen wollten, gab es innerhalb der Knospe ein Gedränge und Geschiebe und so wurde die Knospe immer weiter und weiter geöffnet, so weit, bis endlich alle Blütenblätter noch leicht zerknittert in die Welt hinausschauen konnten. Fröhlich schauten sie sich um. Sie reckten sich und streckten sich und dann erschien in der Mitte der Blütenblätter etwas Gelbes.

Ach, wie herrlich war der blaue Himmel anzuschauen. Beide Blümchen begannen ganz automatisch damit, sich in die Richtung der Sonne zu drehen, so, dass alle Blütenblätter von ihren herrlich warmen Strahlen gleich angestrahlt wurden.

Neugierig schaute das eine Blümchen zu dem anderen Blümchen und dachte: „Aha! Eine Konkurrentin. Aber sie ist nur halb so schön wie ich. Ich trage ein herrliches Rosa und sie nur ein dunkles Violett."

Das violette Blümchen bemerkte die Blicke seiner Nachbarin, es winkte fröhlich mit seinen Blütenblättern und rief glücklich: „Hallo! Ist das nicht wunderschön hier?" Aber es bekam keine Antwort.

In diesem Moment kam eine Biene herangeflogen. Noch war sie unentschlossen, welches Blümchen sie anfliegen sollte, da begann das rosafarbene Blümchen schnell damit, einen verführerischen Duft auszuströmen, und es winkte aufgeregt mit seinen Blütenblättern der Biene zu. Und schon flog die Biene zu dem Blümchen hin.

„Ha!“, rief das rosafarbene Blümchen stolz zu seiner violetten Nachbarin, „mich hat die Biene als erstes angeflogen. Ich bin viel begehrenswerter als du.“

Das andere Blümchen war etwas überrascht und wollte gerade freundlich antworten, dass es doch nicht wichtig wäre, wer zuerst angeflogen würde, da flatterte ein kunterbunter Schmetterling heran und setzte sich auf seine Blüte.

Als das rosafarbene Blümchen das sah, wurde es neidisch, nun wollte es, dass der Schmetterling so schnell wie möglich zu ihm käme. Genervt schüttelte es seine Blüte und schimpfte mit der Biene: „Nun verschwinde endlich! Du machst mich ja ganz schmutzig und bringst meine Blütenblätter durcheinander.“ Aber die Biene ließ sich davon nicht beeindrucken, steckte ihr Köpfchen tief in die Blüte und naschte am Nektar. Als sie endlich damit fertig war und davonflog, da war der schöne Schmetterling schon längst weitergeflogen.

Hochmütig streckte das rosarote Blümchen seine

Blütenblätter und sagte in angeberischem Ton zu seiner violetten Nachbarin: „Die Biene hat mir viele Pollen gebracht. Nun bin ich in der Lage, Kinder zu bekommen. Das hat dein alberner Schmetterling bestimmt nicht geschafft, ha!“

„Ach“, antwortete das violette Blümchen unbekümmert, „das ist doch nicht so wichtig, es werden uns sicher noch viele Bienen besuchen und bestimmt werden wir zwei viele großartige Kinder bekommen, dann wird es hier bald ganz viele von uns geben.“

Und da flog auch schon die nächste Biene heran und setzte sich auf seine Blüte. Wütend beobachtete das rosafarbene Blümchen seine Nachbarin, zu der nun schon das zweite Insekt geflogen war, während es nur von einem besucht worden war. Die Blume hielt eifrig Ausschau, ob nicht noch andere Insekten in der Nähe wären, damit sie welche zu sich locken konnte. Da entdeckte sie ein großes Insekt, das mit tiefem Gebrumm in ihre Nähe kam. Schnell strömte sie ihren verführerischen Duft aus und lächelte dem großen Insekt, es war eine Hummel, freundlich zu. Dabei dachte sie: „Ha, solch ein Prachtexemplar hat die plumpe Nachbarin noch nicht anlocken können.“

Doch kaum hatte sich die schwere Hummel auf ihre Blüte gesetzt, da bog sich ihr Stängel mitsamt der Blüte weit hinab und sie stöhnte unter der riesigen Last. Die Hummel krallte sich an ihren Blütenblättern fest, um nicht herabzufallen, und steckte ihren Kopf tief in die Mitte der Blüte, um an den Nektar zu gelangen. Als die Hummel urplötzlich losließ und weiterflog, da schnellte die Blüte regelrecht in die Höhe.

Das violette Blümchen nebenan hatte alles gesehen und musste herzhaft lachen. Fröhlich sagte es zum rosafarbenen Blümchen: „Haha! Das hat lustig ausgesehen, es hat bestimmt Spaß gemacht.“

Das rosafarbene Blümchen jedoch fühlte sich blamiert und schimpfte leise vor sich hin.

Im Laufe des Tages kamen noch viele Insekten zu den beiden geflogen, um an ihrem Nektar zu naschen und den beiden Pollen zu bringen und auch um welche mitzunehmen.

Am Abend sagte dann das rosarote Blümchen stolz zu dem violetten: „Ha, zu mir sind im Laufe des Tages fünf Bienen mehr gekommen als zu dir!“ Das violette Blümchen schmunzelte nur und antwortete aufrichtig: „Na, das freut mich aber für dich.“

Kurze Zeit später wurden die Blümchen ganz plötzlich aus einer großen Gießkanne mit Wasser begossen. Das violette Blümchen freute sich und ließ das Wasser über seine Blüte laufen, aber das rosarote Blümchen war verärgert und rief: „Na, du dumme Gießkanne, was soll denn das? Ich brauche das Wasser an meinen Wurzeln, aber doch nicht auf meiner Blüte.“ Schnell schloss sie ihre Blüte zu, aber damit fing sie auch das Wasser ein, es konnte nicht abfließen.

So begann die Nacht und die beiden Blümchen schliefen ein. Am nächsten Morgen, als die Sonne gerade aufwachte, da erwachten auch die beiden Blümchen. Die Violette öffnete ihre Blüte und strahlte fröhlich in den Morgen hinaus, aber das rosarote Blümchen ... au weia, es bekam seine Blüte nicht auf. Die eingefangenen Wassertropfen vom Abend klebten die Blütenblätter regelrecht aneinander. Es dauerte sehr lange, bis es unter großer Anstrengung und mit etwas Hilfe von den Sonnenstrahlen seine Blüte öffnen konnte.

„Du Arme!", bedauerte das violette Blümchen sie, „aber jetzt hast du es ja geschafft."

Traurig und enttäuscht schaute das rosarote Blümchen in die Morgenwelt, das violette Blümchen hatte schon einigen Besuch von Bienen und Schmetterlingen bekommen, während es mit seinen Blütenblättern gekämpft hatte.

Schnell versuchte es, seinen verführerischen Duft zu verteilen, um den Rückstand aufzuholen.

Gegen Mittag war es besser gelaunt, es war ihm nicht nur gelungen, den Rückstand aufzuholen, sondern es hatte es geschafft, drei Bienen mehr zu sich zu locken als das violette Blümchen.

Stolz blickte es zu ihm hinüber und schrie plötzlich mitleidig auf: „Ach herrje!", rief es zu dem violetten

Blümchen, „unterhalb deiner Blüte klettert ein hässliches Spinnchen und baut ein Netz. Das sieht fürchterlich aus! Bestimmt werden dich bald gar keine Insekten mehr besuchen."

„Ach, weißt du", antwortete das violette Blümchen, „so schlimm ist das gar nicht mit dem Spinnennetz, es hält wenigstens die Blattläuse fern, die sich sonst, wie bei dir, an meinem Stängel breit machen würden."

„Blattläuse? Ich hab Blattläuse? Hilfe!", rief das rosarote Blümchen entrüstet und schüttelte sich so sehr es nur konnte, aber die Blattläuse wurde es dadurch nicht los. Es kamen sogar noch Ameisen an seinem Stängel hochgeklettert, um die Blattläuse zu melken und zu beschützen.

Bis zum Abend wurde das rosarote Blümchen immer trauriger, seine Blütenblätter verloren wegen der Blattläuse, die ihm den Saft aus dem Stängel saugten, an Kraft und Schönheit und deswegen kamen auch nicht mehr so viele Insekten zu ihm geflogen.

Als am Abend wieder Wasser aus einer Gießkanne auf es geschüttet wurde, lebte es nochmals etwas auf und hoffte, das Wasser würde die Blattläuse vertreiben, aber das geschah nicht.

So schliefen die beiden Blümchen am Abend wieder ein. Das rosarote Blümchen war nun gar nicht mehr stolz und auch bei weitem nicht mehr so schön anzuschauen wie das violette.

Als das violette Blümchen am nächsten Morgen erwachte, waren auf der Spinnwebe lauter kleine Tautropfen, die wundervoll in der Morgensonne glitzerten.

Das rosarote Blümchen hingegen war ganz verdorrt.

Groß und klein

In einem schönen Land, etwas außerhalb einer Stadt am Meer, da trafen sich einst in einem wundervollen Hotel am Strand eine Menge Politiker aus vielen verschiedenen Ländern der Erde. Aus Russland, Amerika, Brasilien, Deutschland, Spanien, Persien, Indien, Ägypten, Tansania, Frankreich, Italien, Japan, Nigeria, China, Schweden und vielen anderen Ländern kamen sie.

Die Politiker einiger Länder hatten ihre Frauen und Kinder mitgebracht und während die Erwachsenen in den Konferenzen saßen, spielten ihre Kinder zusammen am Strand.

Die Politiker konnten sich alle auf Englisch unterhalten, aber bei den Kindern war das anders. Da sie noch klein waren, kannten sie nur die Sprache ihres jeweiligen Landes.

In den Konferenzen ging es teilweise heftig zu. Manche Politiker stellten Forderungen, durch die andere, zumeist die Betroffenen, stark verärgert wurden.

Je länger die Konferenzen dauerten, umso mehr Vorwürfe machten sich die Politiker gegenseitig. Ein Wort gab das andere und bald waren sie soweit, dass sie sich gegenseitig regelrecht anschrien. Von einer Einheit waren die Politiker weit entfernt und jeder versuchte natürlich, die Interessen seines Landes in den

Vordergrund zu stellen.

Am Strand indessen ging es unter den vielen verschiedenen Kindern ganz anders zu. Mit Gesten und Mimik versuchten sich die Kinder verständlich zu machen. Sie waren freundlich zueinander und liehen sich gegenseitig ihre Sandformen, Schaufeln und Eimerchen.

So entstand in ihrer Gemeinschaft im Laufe des Tages eine wundervolle, einzigartige Sandburg, über die jeder Architekt nur hätte staunen können. Aus jedem Land, aus dem die Kinder kamen, war eine architektonische Besonderheit in die Sandburg eingebaut und dennoch bildete die Sandburg eine wunderbare, herrliche Einheit.

Als die Politiker am späten Nachmittag ihre Konferenz für diesen Tag beendeten und zu ihren Familien an den Strand gingen, da trafen sie natürlich wieder aufeinander, da ihre Kinder ja zusammen spielten.

Als sie die Sandburg sahen, die ihre Kinder in Gemeinschaft gebaut hatten, da freuten sie sich sehr über das wundervolle Kunstwerk und nach und nach erkannten sie, dass ihre Kinder hier wesentlich mehr erreicht hatten als sie selbst in ihrer Konferenz.

Betreten blickte einer zum anderen und so langsam machte sich auf ihren Gesichtern ein beschämtes Lächeln breit. Verlegen und mit entschuldigendem Blick schauten sich die Politiker gegenseitig an. Einige, die sich in der Konferenz noch angeschrien hatten, gingen aufeinander zu und reichten sich die Hand.

Am nächsten Tag verlief die Konferenz ganz anders als am Tag zuvor. In Gemeinschaft planten die Politiker nun, was zu tun war, um möglichst viele Länder zufriedenzustellen. Es kamen immer mehr gute Ideen zusammen und so fand die Konferenz doch noch ein gutes Ende.

Rettet die Blumen

Am Rande eines Dorfes gab es einst eine große Weide, auf der einige Ziegen lebten. Sie hatten dort viel Platz und auf dem guten Boden wuchs in saftigem Grün verführerisches, fettes Gras, welches den Ziegen vorzüglich schmeckte. So gediehen die Ziegen prächtig und gaben ihrem Besitzer ordentlich Milch.

Nicht weit von der Weide entfernt gab es einen herrlichen Garten mit einem wundervollen Blumenbeet. Das ganze Jahr über blühten dort die schönsten Blumen, die man sich nur vorstellen kann. In einzigartig leuchtenden Farben strahlten die Blumen und versprühten einen verführerischen Duft.

Dieser Duft lockte viele Bienen, Hummeln und Schmetterlinge an. Er versprach ihnen leckeren Nektar, den sie sich bei den Blumen abholen konnten. Zum Ausgleich mussten sie nur den Blumen ein wenig helfen, ihre Pollen zu verbreiten, was wiederum dafür sorgen sollte, dass weitere Blumen wuchsen. Tagsüber gab es rund um die Blumen ein Summen und Brummen, ein Flattern und Fliegen von den unzähligen Insekten, welche die Blumen umschwärmten. Die Blumen freuten sich sehr darüber und stellten fleißig Nektar her.

So führten die Blumen lange Zeit ein ungefährdetes Dasein und konnten sich immer weiter ausbreiten.

Irgendwann näherten sich einige Blumen in ihrem Wuchs dem Weidezaun und als sie diesem zu nahe kamen, da hatte plötzlich eine der Ziegen den wundervollen Blumenduft in der Nase. Neugierig wie Ziegen nun einmal sind, kam auch sofort eine von ihnen näher, zwängte ihren Kopf, soweit es ging, durch den Weidezaun und zupfte mit ihren Lippen an den bunten Blütenblättern. „Hmmampf", schleckte sie sich mit dem Zünglein über die Lippen, die Blütenblätter schienen der Ziege sehr gut zu schmecken. Immer wieder versuchte sie, ihren Kopf noch weiter durch den Zaun zu stecken, um an weiteren Blüten zu naschen, aber sie konnte keine mehr erreichen. So musste sie sich also wieder mit dem grünen Gras zufriedengeben, aber das war ja auch nicht schlecht.

Da die Ziegen aber immer sehr hungrig waren, war das Gras auf der eingezäunten Weide bald bis zum letzten Halm abgeknabbert.

Hungrig und gierig schielte nun die Ziege, die schon einmal von den Blumen genascht hatte, zu dem wundervollen Garten hinüber und eines frühen Morgens geschah es dann. Die Ziege nahm einen großen Anlauf, rannte, als wäre der Teufel hinter ihr her, auf den Weidezaun zu und mit einem gewaltigen Sprung flog die Ziege über diesen hinweg.

Oje, nun stand es schlecht um die schönen Blumen. Schon knabberte die Ziege genussvoll an einigen Blüten. Zur selben Zeit kamen die ersten Bienen zu den Blumen geflogen. Sie sahen die Ziege und erschraken, sie erkannten sofort, dass dieses gefräßige Tier keine Ruhe geben würde, bevor es nicht alle Blumen gefressen hätte, und was wäre dann mit ihrer Nahrungsquelle? Es würde keine Blumen mehr geben.

Einige der Bienen flogen auf die Ziege zu, summten um ihre Nase und den Mund und tatsächlich konnten sie die Ziege etwas ablenken. Sie hörte kurz auf zu fressen, schüttelte sich, machte ein paar Hüpfer, um den Bienen zu entkommen, und schon fraß sie wieder weiter.

Ein paar andere Bienen waren jedoch zu ihrem Stock zurückgeflogen und schlugen dort Alarm: „Rettet die Blumen!“, schallte es durch den Bienenstock, „eine Ziege frisst die Blumen auf, rettet die Blumen!“ Und schon flog Biene um Biene hinaus zu den Blumen.

Ein ganzer Schwarm flog nun auf die Ziege zu und schwirrte um ihren Kopf. Auch die Schmetterlinge halfen mit, einige setzten sich auf den Kopf der Ziege, direkt vor ihre Augen, und flatterten mit ihren Flügeln.

So konnte die Ziege fast nichts mehr sehen und das Summen der vielen Bienen um ihren Kopf machte sie ganz verrückt. Selbst heftiges Kopfschütteln und Umherhüpfen änderte nichts, die Bienen und die Schmetterlinge ließen sich nicht abschütteln.

Die Ziege konnte nur noch die Flucht ergreifen, halb blind rannte sie auf und davon, hüpfte über Stock und Stein, stolperte schließlich eine Böschung hinunter und kullerte in einen Bach.

„Platsch!“, machte es, als die Ziege ins Wasser fiel, erst da ließen die Bienen und Schmetterlinge von der Ziege ab.

Halb benommen stand die Ziege auf und rannte am Ufer des Baches weiter fort. Nach einiger Zeit bemerkte sie, dass sie wieder alleine war und die Bienen und Schmetterlinge sie in Ruhe ließen. Sie sah, dass das Ufer des Baches voll von grünem, saftigem Gras war. Etwas scheu schaute sie sich um und dann begann sie, genüsslich an den Grashalmen zu naschen.

So waren die wundervollen Blumen dank der Bienen und Schmetterlinge gerettet.

Froh zu sein bedarf es wenig ...

Ein Wassertröpfchen schwamm im Meer
und jammerte ständig: „Was hab ich's schwer!"
Im Lauf seines Lebens kam's nicht sehr weit
und bald schon nahte auch die Zeit,
da hatte es ganz plötzlich ausgelebt
und ist als Dampf zum Himmel geschwebt.

Als Wasserdampf am Himmel oben,
war's in einer Wolke schwer am Toben.
Der Wind blies es ständig hin und her
und es jammerte nur: „Was hab ich's schwer!"
Es schickte los eine Beschwerde:
„Ich will zurück zu Mutter Erde!"

Auf Erden jedoch war es nun kalt,
der Wasserdampf gefror auch bald.
Und schon am Winterhimmel oben
begann es, als Schneeflocke wild zu toben:
„So starr, so kalt, ich find's gemein,
ich will wieder ein Wassertröpfchen sein!"

Ach herrje, wirst du nun denken,
will mir das Jammern lieber schenken.
Ich liebe das Leben, wie es sich ergibt,
und hoffe, dass es mich genauso liebt.
Frohsinn ist gut, das ist mir bekannt,
egal in welchem Aggregatzustand!

Ich bin ein Drachen

Lauf, mein Junge, lauf geschwind,
ich will nach oben steigen,
dann kann ich dort in schönem Wind
dir meine Kunststücke zeigen.

Dort oben bin ich herrlich frei,
tanze im warmen Sonnenlicht,
dreh mich im Kreise, eins, zwei, drei,
lache über dein fröhliches Gesicht.

Ich bin ein herrlich buntes Ding,
steig am Himmel auf und ab,
so schön wie mancher Schmetterling,
mal ruhig und mal im Trab.

Manchen Scherz, den mach ich auch
am Himmel hoch da droben,
kitzle die Wolken an ihrem Bauch,
ich liebe es, wundervoll zu toben.

Die Welt kümmert sich

Wenn abends spät die Sonne lacht
und wärmt in ihrer Güte,
dann warten Käfer auf die Nacht,
hoch oben auf der Blüte.

Geborgen schlafen sie dann ein,
wohlbehütet wie ein Kind,
es wiegt sie in den Schlaf hinein
ein sanfter Sommerwind.

Die Sterne decken sie dann zu,
die Nacht ist ruhig und lau,
doch bis zum morgen sind im Nu
die müden Käfer voller Tau.

Die Welt erwacht im Sonnenlicht,
die Käfer schlafen weiter.
Die Sonne befreit sie vom Taugewicht,
erst dann werden sie heiter.

Abendrot und Morgenröte

Es war einmal vor ewigen Zeiten, am Ende eines wunderschönen, sonnigen Tages, da leuchtete der Horizont in einem einzigartigen, zauberhaften Rot.

„Oh, welch wundervolles Abendrot!“, riefen begeistert die Bäume, ließen, wie zum Applaus, ihre Blätter rauschen und bestaunten den Himmel. Auch die Tiere standen still und staunend da und betrachteten das herrliche Bild. Eine Lerche saß hoch oben auf der Spitze vom Birnbaum und auch sie war so begeistert von dem einzigartigen Abendrot, dass sie glücklich ein fröhliches Lied anstimmte.

Nur wenig später war das prächtige Farbenspiel vorbei, der Himmel verdunkelte sich zur Nacht und kurz danach begannen die Sterne am Firmament zu glitzern und zu blinken.

Viele Stunden später, da tauchte im Osten plötzlich wieder solch eine wundervolle rote Farbe am Himmel auf und sogleich seufzten die Bäume glücklich: „Oh welch wundervolle Morgenröte!“

Als die Morgenröte hörte, wie sehr sie den Bäumen gefiel, da freute sie sich und gab sich die größte Mühe, ein fantastisches Rot an den Himmel zu zaubern. Da begannen die Vögel, die auf den Ästen der Bäume saßen, die Morgenröte mit einem ihrer Liedchen zu begrüßen.

Unter den Bäumen, da stand ein Fuchs. Auch er betrachtete die Morgenröte und er sagte zu den Bäumen: „Aber das Abendrot gestern, das war noch viel schöner!“

Als die Morgenröte das hörte, da fragte sie: „Welches Abendrot?“

„Oh!“, antworteten die Bäume, „das war gestern, vor der Nacht“, sie zeigten mit ihren Ästen Richtung Westen und sagten, „dort drüben ist es verschwunden.“

Da wurde die Morgenröte neugierig, sie wollte gerne das Abendrot sehen, das angeblich noch schöner war als sie selbst. Schnell machte sie sich auf den Weg und verschwand in einem strahlend blauen Himmel.

Als sich der Tag zu Ende neigte, da erschien erneut das zauberhafte Abendrot. Die Bäume erfreuten sich an seinem Anblick und fragten es: „Na, hat dich die Morgenröte eingeholt?“ Das Abendrot war etwas verwirrt und fragte: „Welche Morgenröte?“

„Oh!“, antworteten die Bäume. „Als der Tag begann, da erschien eine Morgenröte, die schaute fast genauso aus wie du und als wir ihr von dir erzählten, da wollte sie dich sehen und ist dir hinterher geeilt.“

Das Abendrot wurde neugierig und ohne den Bäumen zu antworten, eilte es der Morgenröte hinterher.

Als die Morgenröte am nächsten Tag erschien, da fragten die Bäume: „Na, hat dich das Abendrot eingeholt?" „Nein, wieso?", fragte die Morgenröte und die Bäume antworteten ihr: „Oh, wir haben ihm gestern von dir erzählt und da ist es dir gefolgt." Wieder zeigten die Bäume nach Westen und hurtig eilte die Morgenröte davon.

Sie beeilte sich, so schnell sie konnte folgte sie dem Abendrot und da sie ihm immer näher kam, wurden die Tage immer kürzer und die Nächte dauerten länger. Auf der Erde wurde es deshalb kälter, die Bäume verloren ihr Laub und einige Zeit später lag weißer Schnee auf ihren Ästen.

Als eines Tages die Morgenröte in prächtigem Rot erschien, da sagten die frierenden Bäume mit zittriger Stimme zu ihr: „Du bist dem Abendrot schon viel näher gekommen." Aber die Morgenröte war verzweifelt: „So lange jage ich nun schon hinter dem Abendrot her und hab es doch nicht erreicht. Mir fehlt die Kraft, um weiterhin so zu eilen." Und so begann die Morgenröte damit, etwas langsamer zu werden. So wurde der Abstand zwischen der Morgenröte und dem Abendrot wieder weiter, nach und nach wurden deshalb die Tage länger, es wurde wärmer auf der Erde und so brach der Frühling an.

Die Bäume bekamen neue Blätter und freuten sich. Eines Abends, da sagten sie zum Abendrot: „Du kommst der Morgenröte immer näher!“

Und so beeilte sich das Abendrot, so gut es nur konnte, es näherte sich der Morgenröte und dadurch wurden die Tage auf der Erde noch länger, es wurde immer wärmer, der Sommer begann und die Bäume waren glücklich.

Doch irgendwann, da ging auch dem Abendrot die Kraft aus, es wurde langsamer und so kam ihm die Morgenröte wieder näher und die Tage wurden erneut kürzer.

Und so geht das nun schon sehr, sehr lange auf Erden, einmal ist die Morgenröte schneller, sie nähert sich dem Abendrot, die Tage werden kürzer und es wird erst Herbst, dann Winter und wenn die Morgenröte an Kraft verliert, dann wird das Abendrot wieder schneller, die Nächte werden dadurch kürzer, die Tage länger und so kommt zuerst der Frühling und nach ihm der Sommer.

Und bis zum heutigen Tage haben sich die Morgenröte und das Abendrot noch nie gesehen.

Die Stille des Universums

Ich stell mir vor, ich stehe
hoch oben auf dem Mond,
wohin ich auch immer gehe,
s'gibt niemand, der dort wohnt.

Kein Hund würde dort bellen,
es gäbe keinen Krach,
es plätscherten keine Wellen,
noch nicht einmal ganz schwach.

Würd ich auch noch so lauschen,
es würd mir nicht gelingen,
kein Klappern und kein Rauschen
würd an mein Ohr mir dringen.

Das wünsch ich mir, so ab und an,
ach, würde das herrlich sein,
jedoch, dann denke ich daran,
es zwitscherte auch kein Vögelein.

So gibt es doch gar manchen Ton,
das will ich nicht verhehlen,
der würde mir ganz sicher schon
nach kurzer Zeit sehr fehlen.

Der große Millimeter

Einst ging ein glücklicher Millimeter fröhlich seines Weges. Er tanzte, drehte sich und sang dabei gut gelaunt ein Liedchen. Gerade machte er einen kleinen Hüpfer, als er überrascht stoppte. Direkt vor ihm stand plötzlich ein riesengroßer Meter.

Beinahe wäre der Millimeter mit dem Meter zusammengestoßen. Als er nun nach oben schaute, konnte er kaum das Ende des Meters erblicken.

Da beugte sich der ungeheuer lange Meter tief hinab, betrachtete interessiert den Millimeter und begann plötzlich laut zu lachen. Der Millimeter fühlte sich ausgelacht. Gerade wollte er etwas sagen, da kam ihm jedoch der Meter zuvor. Mit lauter Stimme brüllte er: „Ja was bist du denn für ein niedliches, kleines Würstchen? Beinahe wäre ich auf dich drauf getreten."

„Es kann nun mal nicht jeder so groß sein wie du.", antwortete der Millimeter mit seiner dünnen Stimme, aber der Meter hörte ihm schon gar nicht mehr zu. Laut lachend hatte er sich wieder aufgerichtet und ging unbekümmert weiter seines Weges. Der Millimeter konnte gerade noch zur Seite springen.

Aufgewühlt und verärgert schaute er dem Meter hinterher, bis dieser verschwunden war. Da setzte sich der Millimeter traurig hin und eine Träne kullerte über seine Wange: „Warum bin ich nur so klein?“, jammerte er.

„Aber so klein bist du doch gar nicht!“, behauptete da plötzlich eine Stimme neben ihm. Überrascht schaute der Millimeter auf und sah neben sich eine kleine Fee mit zwei Flügeln, die wie durchsichtige Lineale ausschauten. Sie war genauso groß wie er.

„Nanu?“, fragte der Millimeter. „Wer bist du denn?“

„Na ich bin die Maßstab-Fee!“, antwortete sie. „Hast du denn noch nie von mir gehört?“

Der Millimeter schüttelte, immer noch traurig, den Kopf.

„Warum denkst du denn, dass du klein bist?“, fragte die Fee nun. Da schüttete der Millimeter sein Herz aus und erzählte davon, wie der lange Meter ihn ausgelacht hatte. Als er fertig erzählt hatte, kam gerade der Meter mit großen Schritten auf die beiden zu. Kurz vor ihnen blieb er stehen, beugte sich zu den beiden hinunter, rückte seine Brille zurecht und begann lauthals zu lachen: „Sieh da!“, rief er lachend. „Nun sind es sogar schon zwei kleine Würstchen! Ihr habt Glück, dass ich dank meiner Brille so gut sehen kann, sonst wäre ich glatt auf euch Winzlinge drauf getreten.“

„Na warte!“, brüllte da die Fee laut und entrüstet. Sie nahm ihren Zauberstab, wirbelte ihn herum und zeigte plötzlich auf den Meter. Da begann der Meter sich hopp, hopp, hopp in lauter Zentimeter zu zerteilen. Einhundert Zentimeter hüpften nun aufgeregt um die Fee und den Millimeter herum.

Die Zentimeter erschienen den beiden jedoch immer noch ziemlich groß und sie kamen auch noch mit drohenden Mienen auf die beiden zu.

„Was wagst du?“, riefen sie empört zu der Fee. Da schwang die Fee erneut ihren Zauberstab und rief: „Ihr könnt mir nichts tun!“, dann sagte sie ein Zauberwort und ganz plötzlich zerteilten sich die einhundert Zentimeter in tausend Millimeter. Nun waren sie genauso groß wie der Millimeter und die Fee.

Aber es waren so viele und so waren sie immer noch mutig. Voller Ärger in den Gesichtern liefen die vielen Millimeter drohend auf die Fee und den einzelnen Millimeter zu.

Die Fee jedoch schaute mit einem Lächeln im Gesicht zu dem Millimeter neben ihr und sagte: „Die haben immer noch nicht kapiert.“ Erneut schwang sie ihren Zauberstab, sagte ein geheimnisvolles Wort und ZOFF, zerteilten sich die tausend Millimeter in viele, klitzekleine Makrometer.

Nun sprang die Fee auf, hob den Fuß und rief: „Soll ich euch zertreten?“

Huiii, sprangen da die winzigen Makrometer ängstlich davon. Das sah so lustig aus, dass der Millimeter lachen musste. Auch die Fee musste schmunzeln, sie sagte zum Millimeter: „Nun wissen die hoffentlich, wie sich das anfühlt, wenn ein Größerer so herablassend mit Kleineren umgeht."

„Bestimmt!", antwortete der Millimeter. „Aber irgendwie hab ich ein ungutes Gefühl dabei. Der Meter tut mir fast ein wenig Leid. Ich glaube, er hat seine Lektion verstanden. Könntest du ihn nicht wieder groß zaubern?"

„Nur nicht so schnell.", meinte die Fee und blickte hinter den vielen Makrometern hinterher, die zwar immer noch davon hüpften, aber wegen ihrer ‚Größe' kaum vom Fleck kamen. „Aber es freut mich, dass du so denkst. Es zeigt mir, dass DU wahre Größe besitzt. Es ist nicht die körperliche Größe, die zählt. Du hast also keinen Grund traurig zu sein, denn du bist größer als so mancher Zentimeter oder Meter."

Nach diesen Worten schwang die Fee erneut ihren Zauberstab, sprach einen längeren Zauberspruch und nun begannen die Makrometer damit zu Millimetern zusammenzuwachsen. Kaum war das geschehen, da wuchsen sie zu Zentimetern zusammen und auch diese wuchsen wieder zusammen, bis sie wieder der Meter waren. Der Meter schaute sich ängstlich nach der Fee und dem Millimeter um und flüchtete in großen Schritten.

Die Sache mit der Geduld

Das Kind sitzt auf des Mutters Schoß
und fragt; Wie werd ich schneller groß?
Die Mutter sagt; die Zeit ist Schuld,
wachsen dauert lang, drum hab Geduld.
Genieße die Zeit in der du klein,
groß wirst du früh genug noch sein.

Die Jungen fragen auf der ganzen Welt;
wann endlich verdien ich eigenes Geld?
Geduld, ihr im Nahen und im Fernen,
zunächst müsst ihr noch tüchtig lernen.
Denn gute Schule, die ist sehr wichtig
und Lernen braucht Zeit, drum seid einsichtig.

Die Jugend kann es kaum erwarten,
mit achtzehn soll das Auto starten.
Wann ist es denn endlich nur so weit?
Vorbei mit der mobilen Abhängigkeit.
Doch Uhren lassen sich nicht schneller dreh'n,
drum habt Geduld, s' wird bald gescheh'n.

Mancher möchte aus der Miete raus,
will schönen Grund mit eigenem Haus.
Doch oft bereitet es große Qual,

zu sparen das nötige Grundkapital.
Das Geld wächst langsam, es braucht Zeit,
habt nur Geduld, bald ist's soweit.

Die Eltern warten auf die Zeit,
da ihre „Große“ wird gefreit.
Wann endlich wird es nur gescheh'n?
Wir wollen Enkelkinder seh'n!
Die Antwort lautet voller Huld;
ich will erst leben, habt Geduld!

Arbeiten muss man lange Zeit,
der Weg zur Rente, der ist weit.
Kein Wunder, das man nicht entzückt,
wenn's Renteneintrittsalter höher rückt.
Mag sein, die Politiker sind Schuld;
vielleicht mit 67, habt Geduld!

Und die Moral von diesem Gedicht:
Geduld hat man oft selber nicht!
Man schiebt sie anderen in die Karten,
doch selber will man niemals warten.

Die kleine Feder

Mitten im Flügel eines wunderschönen Vogels gab es eine kleine Feder. Sie war strahlend weiß und wundervoll flauschig. In der Nacht streckte der Vogel seinen Kopf unter den Flügel, denn dort war es schön weich und warm. Die kleine Feder liebte die Nächte und bemühte sich, den Kopf des Vogels zu behüten, zu wärmen und zu schützen.

Wenn das Ende der Nacht nahte und die schwarze Farbe der dunklen Nacht ein erstes helles Schimmern bekam, dann zog der Vogel müde seinen Kopf hervor, zwitscherte ein paar wundervolle Töne und kuschelte sich erneut für ein paar Minuten unter seinen Flügel zu der kleinen Feder. Die kleine Feder liebte das und freute sich jeden Tag aufs Neue, wenn der Vogel noch einmal sein Köpfchen unter den Flügel steckte.

Sie liebte aber auch, was danach geschah. Der Vogel zog seinen Kopf zum zweiten Mal hervor, reckte und streckte sich, breitete seine beiden Flügel kurz aus, hob den Kopf hoch empor und dann sang er ein wunderschönes Lied.

Das Lied klang wie ein verzauberter Morgengruß an die Sonne. Es war noch nicht zu Ende, da spickelte die Sonne auch schon neugierig über den Horizont um nachzuschauen, wer denn da dieses herrliche Lied zwitscherte.

Kaum war das Lied zu Ende, da breitete der Vogel seine Flügel aus und erhob sich in die Lüfte. Das war ein weiterer Augenblick, über den die kleine Feder sich sehr freute. Ach wie herrlich war es, wenn der Vogel nach vielen schnellen Flügelschlägen hoch oben am Himmel dahin segelte. Die kleine Feder konnte dann unendlich weit schauen und fühlte sich unglaublich frei. Was war das doch für ein herrliches Leben. Die kleine Feder konnte sich nichts Schöneres vorstellen.

Eines Tages, die Sonne war schon sehr hoch zum Himmel gewandert, da saß der Vogel auf dem Ast eines großen Baumes und putzte mit seinem Schnabel sein Gefieder. Dabei passierte etwas, das das Leben der kleinen Feder völlig veränderte. Irgendwie kam die kleine Feder zwischen den Schnabel des Vogels und wurde mit einem kurzen Ruck ausgerissen.

„Oh je!“, konnte die kleine Feder nur rufen, dann schwebte sie auch schon einsam und alleine zur Erde hinab. Traurig und verlassen landete sie auf zwei Grashalmen neben einer bunten Blume.

Nie mehr würde sie nun in der Nacht das Vogelköpfchen wärmen und beschützen. Niemals würde sie mehr über den blauen Himmel segeln und die wunderbare Welt von oben betrachten. Ach wie schrecklich war das für die kleine Feder.

Den ganzen restlichen Tag lag die Feder auf den beiden Grashalmen und trauerte vor sich hin. Ab und zu flog eine Biene oder eine Hummel an ihr vorbei und zu der bunten Blume, aber die kleine Feder beachtete sie nicht. Am Abend, als die Sonne sich auf den Weg in ihr Bett machte, wo sie die Nacht verschlafen würde, kam plötzlich ein Schmetterling angeflattert. Wild schlugen seine Flügel und erzeugten kleine, flüchtige Windstöße. Beinahe hätten die leichten Windstöße die kleine Feder von den Grashalmen geschuppst.

Dadurch wurde die kleine Feder auf den Schmetterling aufmerksam. Merkwürdigerweise flog der Schmetterling nicht wie die Bienen und Hummeln wieder fort, sondern blieb auf der Blume sitzen. Er breitete seine Flügel ganz weit aus und drehte sich so, dass die letzten Sonnenstrahlen auf seine Flügel schienen.

„Wieso machst du das?", fragte die kleine Feder neugierig den Schmetterling. Der Schmetterling schaute zu der kleinen Feder und antwortete: „Oh, ich sammle noch etwas Wärme für die Nacht. Wenn die Sonne verschwindet, klappe ich meine Flügel zusammen und habe so noch ein wenig Wärme und kann besser schlafen. Machst du das nicht genau so?"

„Nein!", antwortete die kleine Feder. „Das kann ich nicht. Ich kann mich nicht zusammen klappen, ich kann keine Wärme speichern, ich kann nicht mehr fliegen ...", die kleine Feder wurde immer trauriger und jammerte verzweifelt, „…ich bin zu nichts mehr zu gebrauchen."

„Ach, das glaub ich nicht!", sagte der Schmetterling zuversichtlich. „Du hast eine tolle Form, bist ganz dünn und leicht, wieso sollte es nicht möglich sein, dass du fliegen kannst."

„Aber ich kann nicht!", antwortete die kleine Feder und dachte, der Schmetterling könnte sicher nicht verstehen, wieso sie nicht mehr fliegen konnte. Sie wusste nicht, wie sie das dem Schmetterling erklären sollte. Der Schmetterling unterdessen konnte sich nicht vorstellen, dass die Feder nicht fliegen konnte und so sprach er zu ihr: „Weißt du was? Gleich kommt die dunkle Nacht, dann werden wir beide schlafen und wenn du magst, so träume doch einfach davon, wie wir beide morgen zusammen über den wundervollen, blauen Himmel fliegen."

Die kleine Feder hatte bisher noch nie geträumt und wusste nicht so recht, wie das geht, aber da sie nichts Besseres zu tun hatte, wollte sie es einfach mal versuchen. Als die Sonne fort war, begann sie damit, sich vorzustellen wie sie gemeinsam mit dem Schmetterling über den Himmel tanzen würde. Ach war das ein schönes Gefühl, lustig tanzte die Feder im Traum auf und ab, nach links und nach rechts, umkreiste den fröhlichen, bunten Schmetterling und war wunderbar glücklich. So freute sie sich im Schlaf auf den nächsten

Tag und war voller Zuversicht.

Als es hell wurde, hörte die kleine Feder aus einiger Entfernung das leise Zwitschern einiger Vögel und erwachte. Das Lied der Vögel erinnerte sie an vergangene Tage. Schon wollte sie wieder traurig werden, da dachte sie an ihren Traum und daran, dass sie heute zusammen mit dem Schmetterling über den Himmel tanzen wollte. Schnell schaute sie zur Blume, ob denn der Schmetterling noch da wäre. Aber was musste die kleine Feder da entdecken. Der Schmetterling war voller schwerer, nasser Tautropfen, so würde selbst er nicht fliegen können. Dann entdeckte die kleine Feder zu ihrem Entsetzen, dass sie selbst auch von unglaublich vielen Tautropfen übersät war. Die Tautropfen waren sehr schwer und verzweifelt sagte die kleine Feder: „So kann ich bestimmt nicht fliegen! Ich bin viel zu schwer."

„Warte nur ab!", sagte da der Schmetterling. „Gleich kommt die Sonne, die trocknet uns und dann werden wir beide fliegen." „Ach wie soll das denn gehen?", fragte mutlos die kleine Feder.

„Hast du denn nicht vom Fliegen geträumt?", fragte der Schmetterling.

„Schon!", antwortete die kleine Feder. „Aber das war ja nur ein Traum und keine Wirklichkeit." „Hast du denn noch nie etwas davon gehört, dass Träume wahr werden können?", fragte der Schmetterling selbstbewusst. „Weißt du, früher, da war ich eine Raupe. Ich konnte nur auf Blättern herumkriechen und fressen. Niemand hätte mir damals geglaubt, dass ich eines Tages über den Himmel fliegen würde.“

Es fiel der kleinen Feder immer noch schwer, daran zu glauben, dass sie würde fliegen können. Aber immerhin spürte sie, wie die Sonne mit ihren warmen Strahlen durstig den Morgentau trank. Es dauerte nicht lange, dann waren die schweren Tautropfen verschwunden. Der Schmetterling breitete seine Flügel aus und hielt sie, wie am Abend zuvor, der Sonne entgegen um sie ordentlich zu trocknen.

Da kam die kleine Feder auf eine Idee. Sie schloss die Augen und wie in der vergangenen Nacht begann sie damit, sich vorzustellen, sie würde zusammen mit dem Schmetterling über den Himmel tanzen. Und tatsächlich hatte sie plötzlich das wundervolle Gefühl, als würde sie fliegen.

„Na siehst du, klappt doch!“, hörte sie den Schmetterling neben sich lachen. Sie öffnete die Augen und war total überrascht. Sie lag nicht mehr auf den Grashalmen sondern schwebte am Himmel. Ein freundlicher Wind hatte sie hoch gehoben und ließ sie neben dem Schmetterling über den blauen Himmel tanzen. Fröhlich und überglücklich tanzte die kleine Feder zusammen mit dem Schmetterling.

Inspiriert durch das Zitat von Hildegard von Bingen:

„Ein Wind blies von einem hohen Berg und brachte mit seinem Wehen eine kleine Feder in Bewegung, die aus sich selbst keinerlei Fähigkeit zum Fliegen besaß, sondern die nur durch den Wind empfing...

Zweifellos veranlasste dies der allmächtige Gott um zu zeigen, was er durch ein Wesen, das sich nicht das Geringste zutrauen würde, zu wirken vermag".

Alles verändert die Welt

Wenn Libellenflügel schlagen
erzeugen sie ganz kleinen Wind,
doch will ich die Behauptung wagen,
dass dies die Welt verändert geschwind.

Ein Fröschlein hüpft in einen Teich
und schafft ganz kleine Wellen,
diese wandern weit sogleich,
um am anderen Ufer zu zerschellen.

Mäuse graben ein tiefes Loch,
weit draußen auf dem Feld
und ich behaupte immer noch,
auch dies verändert die Welt.

Ein Bächlein ist ein kleiner Segen,
in der Natur ein schönes Bild,
doch wird es gern nach einem Regen
unbändig und ganz schön wild.

Du hast es sicher schon erraten,
nicht nur ein berühmter Held,
nein, auch unsere kleinsten Taten
verändern diese unsere Welt.

Einsames Kätzchen

Ganz alleine lag das kleine Kätzchen Tessi unter einigen Zweigen versteckt an der Holzwand einer alten Scheune. Den ganzen Tag hatte sie so kräftig, wie es ihr nur möglich war, miaut. An anderen Tagen kam auf dieses Miauen früher oder später die Mutter von Tessi und kümmerte sich um sie. Aber heute? Heute hatte das irgendwie nicht geklappt, die Mutter war nicht gekommen, so laut und so lange Tessi auch miaut hatte.

Nun war es dunkel und Tessi fürchtete sich, so ganz alleine. Es war das allererste Mal, dass sie in der Nacht alleine war. Es war bitter kalt, Tessi fror und sie vermisste das warme Fell ihrer Mutter, das sie sonst in der Nacht immer so schön gewärmt hatte.

Wo war ihre Mutter nur geblieben? Sie kam doch sonst immer wieder zurück. Tessi's kleines Mägelchen begann plötzlich furchtbar zu knurren und sie erschrak etwas über das laute Knurren ihres Bäuchleins. Es war lauter als ihr Miauen, so dachte sie. Jedenfalls hörte es sich in der dunklen, stillen Nacht sehr laut an.

Das laute Knurren könnte sie verraten. Wenn zum Beispiel ein hungriger Fuchs in der Gegend herumschleichen würde, dann wäre sie verloren, das wusste sie. Zwar war ihr Versteck gut gewählt, denn die Äste über ihr hatten spitze Dornen, die würden dem Fuchs in die Nase pieksen, aber konnte sie sich darauf verlassen, dass der Fuchs sie dann in Ruhe ließ?

Wohl kaum. Mit diesen schrecklichen Gedanken schlief Tessi ein und so waren ihre Träume einfach nur fürchterlich und sie schlief nicht sehr gut.

Immer noch sehr müde erwachte sie am nächsten Morgen. Einige helle Sonnenstrahlen hatten den Weg durch die Äste zu ihr gefunden und sie im Gesicht gekitzelt. Schnell schaute Tessi sich mit verschlafenen Äuglein um, war die Mutter in der Nacht vielleicht doch noch gekommen?

Nein! Es war niemand da, sie war ganz alleine. Da meldete sich auch schon ihr hungriges Bäuchlein mit einem Knurren, das einen Löwen neidisch gemacht hätte. Der Hunger machte sie ganz schwach. So versuchte sie es erneut mit dem Miauen. „Mutti, hier bin ich!“, miaute sie in die kalte Morgenwelt hinaus. Aber es kam keine Reaktion, nichts rührte sich außerhalb ihres Versteckes.

Irgendwann wagte Tessi sich vorsichtig aus dem Versteck heraus. Sie streckte ihr kleines Näschen in die Luft und schnupperte. Aber in der kalten Morgenluft war nichts, das sie riechen konnte, nicht der Duft ihrer Mutter und auch nicht der Geruch von etwas Essbarem. Eigentlich müsste sie in der Nähe des Versteckes bleiben, denn sonst würde ihre Mutter sie vielleicht nicht finden wenn sie zurück kam, aber Tessi hatte solchen Hunger und so machte sie sich auf, um etwas zu essen zu finden.

Auf ihrem Weg durch Felder und Wiesen huschte hin und wieder eine Maus an ihr vorbei, aber Tessi konnte sie nicht erwischen, die Mäuse waren viel zu flink und verschwanden immer rechtzeitig in einem Loch in der Erde. Außerdem hätte Tessi eine Maus noch gar nicht fressen können, sie brauchte eher etwas Flüssiges, wie zum Beispiel Milch.

Immer weiter entfernte sie sich von ihrem Versteck und irgendwann war sie soweit davon entfernt, dass sie nicht mehr wusste, wo das Versteck war. Nun würde sie nicht mehr zurück finden.

Tessi tapste hungrig weiter, hoffentlich würde sie bald etwas zu essen finden, sie war doch so hungrig. Irgendwann kam sie an einem großen Tannenbaum vorbei. Unterhalb des Tannenbaumes war der Boden voll von weichem Moos, auf das herrlich warm die Sonne schien. Tessi war kraftlos, hungrig und müde und so legte sie sich auf das warme Moos, um ein wenig auszuruhen. Es dauerte nicht lange und sie war erschöpft eingeschlafen.

So bekam sie nur im Halbschlaf mit, dass ein Mensch sie in seine Hände genommen hatte und davon trug. Sie konnte sich nicht dagegen wehren. Der Mensch trug sie in ein Haus, legte sie auf etwas Weiches und ging fort. Aber kurze Zeit später kam der Mensch zurück, und stellte etwas vor Tessis Näschen. „Hmmm“, machte Tessi und schnurrte, das war ja Milch. Oh wie herrlich. Sie hob kraftlos ihr Köpfchen hoch und schlabberte mit ihrem kleinen Zünglein hungrig die spezielle Milch für junge Kätzchen. Ach wie tat das gut.

Nachdem sie satt war schaute sie dem Menschen treuherzig ins Gesicht und rief: „Miau!“ Der Mensch freute sich sehr darüber, er streichelte Tessi und diese schnurrte vor Vergnügen und schmiegte sich an ihn.

„Das war wohl deine Mutter, die da letzte Nacht draußen auf der Strasse von einem Auto überfahren wurde“, sagte der Mensch zu Tessi, „aber keine Angst, ich werde mich um dich kümmern.“

„Miau!“, antwortete Tessi.

Ab durch die Decke

Ein Grashalm wuchs auf Mutter Erde
und träumte dass er eine Wiese werde.
So wuchs er und gedieh auch prächtig,
vermehrte sich und wurde mächtig.

Dann eines Tages ist's geschehen,
er konnte nicht flüchten oder gehen,
von grobem Schotter zugedeckt,
hat er sich zutiefst erschreckt.

Über den Schotter kam zäher Teer,
der Halm sagte: „Ich kann nicht mehr!"
„Na, das glaub ich ja wohl nicht!",
sprach ein Würmchen, nah und dicht.

Der Grashalm sprach: „Ich find' s gemein,
tief zugedeckt von Teer und Stein.
Ich zarter Halm hab nicht die Kraft,
die es durch diese Dinge schafft."

„Du täuschst dich", sprach das Würmchen nun,
„du schaffst das, du musst nur was tun.
Strecke nur fleißig deine Spitze,
durch Steine findest du eine Ritze.

Die Sonne macht den Teer dann weich,
so schaffst du es nach oben gleich!“

„Du meinst, wenn ich mich kräftig strecke,
hurra, es geht, ab durch die Decke!“

Und die Moral von diesem Gedicht,
sag niemals, nein, das schaff ich nicht!
Die Strategie heißt: Spitz, statt breit!
Damit bringst du es fantastisch weit!

Neue Kindernamen

Einst gab es in einem abgelegenen Dorf einen kleinen Aufstand. Der Grund waren die Kindernamen. Seit Generationen war es in dem Dorf üblich, den Kindern den Vornamen des Vaters oder der Mutter zu geben, je nachdem, ob das Kind ein Junge oder ein Mädchen war.

Und so gab es in diesem Dorf oft drei bis vier Waldemar, drei bis vier Andreas, Friedrich oder Alexander, und ebenso viele Hannelore, Ulrike, Friederike oder Annemarie, selbstverständlich in einer Familie.

Wenn nun jemand eine bestimmte Person rief, so konnte es leicht geschehen, dass drei oder vier Leute antworteten oder herbeigelaufen kamen. Und eben dieses wurde den Leuten mit der Zeit zu viel und deswegen gab es den Aufstand im Dorf. Einige Dorfbewohner begehrten gegen diese uralte Sitte auf und wollten nun ihren Kindern, die bald zur Welt kommen würden, andere Namen geben.

Aber es sollten selbstverständlich Namen sein, die es im ganzen Dorf noch nicht gab. Nur welche? Andere Namen waren nicht bekannt.

Eines Tages kam jemand auf die Idee, den Kindern das als Namen zu geben, was am meisten zu ihnen gesagt wurde. Eine interessante Idee, so fanden viele, und schon nach kurzer Zeit gab es in dem Dorf bald die unglaublichsten Namen. Ein Junge der immer herumzappelte, bekam den Namen SITZ STILL, ein anderer, der großen Appetit hatte, wurde HAU REIN genannt. Bald gab es noch Namen wie HÖR ZU, LASS DASS, KOMM HER, TRINK AUS, LACH NICHT, GEH WEG, SIEH HER, BLEIB DA oder ISS AUF.

Einige Jahre lang war in dem Dorf alles bestens und die Bewohner freuten sich, dass sie ihren Kindern so tolle Namen gegeben hatten.

Dann kam die Zeit, in der die ersten Kinder mit den neuen Namen zur Schule gehen mussten und damit begannen plötzlich erneut Probleme. Bisher gab es in den Familien mal ein oder zwei Kinder mit dem neuen Namen, aber in der Schule, da trafen sie alle aufeinander.

Die Lehrerin hatte zwar keine Probleme damit, sich die Namen zu merken, aber wenn sie den einen oder anderen ihrer Schüler zu etwas aufforderte, dann führte das sehr schnell zu Missverständnissen. So ärgerte zum Beispiel einmal der Schüler HÖR ZU seinen neben ihm sitzenden Schüler und als die Lehrerin das sah, rief sie: „HÖR ZU, lass dass!“ Sofort standen HÖR ZU und LASS DASS auf und fragten: „Ja Frau Lehrerin?“

„Nein“, sagte die Lehrerin, „ich meinte HÖR ZU, hör auf!“ Doch nun stand ein weiterer Schüler auf, der den Namen HÖR AUF trug und dieser fragte nun ebenfalls:

„Ja, Frau Lehrerin?" Die Lehrerin seufzte, schüttelte den Kopf und sagte zu den dreien: „Setzt euch!"

Daraufhin begann der Schüler LACH NICHT furchtbar zu lachen, so dass die Lehrerin ihn ermahnen musste: „LACH NICHT, pass auf!" Und schon standen der Schüler LACH NICHT und der Schüler PASS AUF, auf und fragten, „Ja, Frau Lehrerin?"

Wieder schüttelte die Lehrerin den Kopf und sagte: „Setzt euch!"

Als die Lehrerin am Nachmittag im Turnunterricht eine Übung vormachte, da passte ein Schüler wieder mal nicht auf und die Lehrerin ermahnte ihn: „SITZ STILL, sieh her!" Schwupps! Schon sprangen der Schüler SITZ STILL und die Schülerin SIEH HER auf und fragten: „Ja, Frau Lehrerin?"

Die Lehrerin wusste sich keinen Rat und berief einen Elternabend ein, dort versuchte sie den Eltern ihr Problem zu erklären, aber die Eltern konnten nicht verstehen, warum die Lehrerin sich wunderte, wenn zwei Schüler, die sie beim Namen rief, aufstanden. Was sollte daran nicht in Ordnung sein? Bei ihnen zu Hause fühlten sich früher drei bis vier Leute angesprochen, wenn man nur einen Namen sagte, warum also die Aufregung bei zweien, die noch dazu bei ihrem jeweiligen Namen aufgerufen wurden.

Herr Blitz und Frau Donner

Herr Blitz und Frau Donner, die sind ein Paar,
sie streiten sich heftig, s'ist wirklich wahr.

Vom Himmel fährt ganz gern Herr Blitz,
ganz egal an welchem Ort,
Frau Donner folgt ihm, sagt ohne Witz;
„Ich hab das letzte Wort!"

Das lässt Herr Blitz sich nicht gefallen,
blitzt noch einmal ganz hell.
Frau Donner lässt es mächtig knallen
und grollt noch einmal schnell.

Herr Blitz, er ist der Herr im Haus,
fährt noch einmal herab.
Frau Donner brüllt; „nun ist es aus!"
Und schimpft gar nicht zu knapp.

Herr Blitz will seine Macht beweisen,
er leuchtet, hell und schrill.
Frau Donner, vor Wut fast am Zerreißen:
„Ich schrei so laut ich will!"

So geht es rund, die halbe Nacht,
keiner von beiden sieht es ein,

dass sie sich lieben mit aller Macht,
sie können ohne den anderen nicht sein.

Ich liege im Bett wie alle Braven,
und rufe;
„Gebt Ruhe, ich möchte gerne schlafen!“

Zwar hörten sie nicht zu streiten auf,
auf Blitzen folgte Wort für Wort,
doch zogen sie weiter in ihrem Lauf
und stritten an einem anderen Ort.

Drachen brauchen Wind

An der Nordseeküste gibt es viele wundervolle Sandstrände. Im Winter und im Frühling gehen dort oft warm gekleidete Leute spazieren. Im Sommer trifft man dort viele leicht bekleidete Badegäste und im Herbst, ja, im Herbst, da tummeln sich auf den Stränden viele Kinder, Jugendliche und Erwachsene und hoch über ihren Köpfen, da sieht man die verschiedensten Drachen in den unglaublichsten Formen und Farben.

Kleine Drachen drehen sich dort im Wind und wirbeln lustig herum. Mittelgroße Drachen stehen majestätisch am Himmel, manchmal so hoch, dass es ausschaut, als würden sie die Wolken am Bauch kitzeln. Tja und dann gibt es noch die großen, die Mega-Drachen. Viele Meter groß, beherrschen sie den Himmel. Und die Menschen, die ihnen zuschauen, wie sie gemütlich im Winde flattern und in ihren bunten Farben glücklich in die Welt strahlen, sind begeistert von diesem Anblick.

Eines Tages im Herbst saß ein Mann mittleren Alters auf einer Holzbank, die am Rande des Strandes stand. Er schaute den vielen verschiedenen Drachen am Himmel zu und man hätte erwarten können, dass er ein freundliches Gesicht zeigt und sich an dem wundervollen Anblick erfreut. Aber der Mann machte ein mürrisches und enttäuschtes Gesicht und wenn man genau hin schaute, dann konnte man Tränen sehen, die sich in seinen Augen sammelten.

Hin und wieder, wenn sich zu viele Tränen im Auge gesammelt hatten, dann kullerten welche über die Wange des Mannes und tropften in den weichen Sand, wo sie verschwanden. Der Mann musste sehr traurig sein, da so viele Tränen den Weg über seine Wange suchten.

Ein alter Mann mit einem Spazierstock näherte sich der Bank und als er den traurigen Mann auf der Bank sah, setzte er sich neben ihn.

„Ich darf doch?", fragte er, nachdem er sich gesetzt hatte. Der traurige Mann wischte etwas verschämt die Tränen weg, die sich noch auf seiner Wange befanden, nickte dem alten Mann zu und sagte mit unsicherer Stimme: „Aber natürlich!"

Der alte Mann beobachtete den traurigen Mann längere Zeit vorsichtig aus den Augenwinkeln. Nach einiger Zeit deutete er auf die vielen Drachen, die so wundervoll am Himmel tanzten und sagte: „Drachen brauchen Wind!"

Der traurige Mann schaute längere Zeit zu den Drachen, dann drehte er den Kopf zu dem alten Mann und antwortete: „Ja, natürlich!" Er überlegte, ob der alte Mann damit etwas anderes sagen wollte und so fragte er nach einer Pause: „Aber was meinen Sie damit?“

Der alte Mann drehte sich zu dem jüngeren hin und wiederholte: „Drachen brauchen Wind!“, dann fuhr er fort. „Ohne den Wind könnten die Drachen nicht zum Himmel steigen.“ Er machte eine kurze Pause, dann sagte er: „Und Menschen, Menschen brauchen Probleme oder besser Aufgaben, sonst können sie genauso wenig aufsteigen.“

Dann zeigte er auf einen Drachen, der unten im Sand lag, dort vom Wind niedergedrückt wurde und meinte: „Aber manche Drachen nehmen die Herausforderung nicht an, sie lassen sich vom Wind herunterdrücken und begreifen nicht, wie es den anderen Drachen gelingt, trotz des Windes aufzusteigen.“

„Ja“, antwortete der traurige Mann missmutig, „weil niemand da ist, der ihre Schnur hält und sie so steigen lässt!“

„Oh!“, lächelte der alte Mann und behauptete, „es ist immer jemand da, auch wenn wir ihn nicht sehen können. Glaube und Vertrauen bringen jeden Drachen zum Steigen!“

„Meinen Sie?“, fragte der Jüngere zweifelnd.

„Ich weiß es ganz sicher!“, antwortete der alte Mann mit fester Stimme. „Das habe ich in meinem Leben oft erfahren. Aber entscheidend ist die Einstellung. Ein Drachen, der sich vor dem Wind fürchtet und sich nieder bückt, kann nicht aufsteigen. Nur wenn er sich dem Wind entgegenstellt, ist es ihm möglich, den Himmel zu erreichen, auch wenn das zu Anfang hin und wieder turbulent wird. Glaube und Vertrauen bilden die feste Schnur, die dazu notwendig ist."

Der jüngere Mann begann zu lächeln, er reichte dem alten Mann die Hand und sagte: „Ich danke Ihnen! Sie haben mir sehr geholfen!" Dann stand er auf und ging forschen Schrittes seiner Wege.

„Ein Drachen mehr am Himmel!", sagte der alte Mann erfreut vor sich hin, „Drachen brauchen einfach den Wind! Gut, wenn sie das erkennen."

Andreas Petz

wurde 1962 in Stuttgart geboren. Wenig später zog die Familie aufs Land und er wuchs auf der Hohenloher Ebene auf. Nach dem Abschluss der mittleren Reife und seiner Lehre war Andreas Petz zwei Jahre bei der Marine. Eine lehrreiche und stürmische Zeit, die ihn um die halbe Welt führte. Anschließend bildete er sich nach der Tagesarbeit weiter und ist seit über 25 Jahren im Finanzbereich tätig.

Andreas Petz ist geschieden, hat zwei erwachsene Kinder und lebt heute in Gammesfeld, dem Ort mit der kleinsten Bank Deutschlands.

Er schreibt, Gedichte, Liedtexte, Kurzgeschichten und Erzählungen. Mittlerweile sind schon einige Bücher von ihm erschienen, welche die Leser begeistern.

Von Andreas Petz ist bereits erschienen:

Auf dem Meer gibt es keine Kreuze

Ein Roman über die Reise einer Flüchlingsfamilie in das angebliche Paradies Europa.

ISBN: 978-3- 903056-12-1
E-Book
978-3-903056-13-8

Danke

Ich danke ganz herzlich dem Karina-Verlag und allen Mitarbeitern, die mit Fleiß und Geduld dazu beigetragen haben, dieses Buch zu veröffentlichen.

Vielen Dank den Lektorinnen Sonja Nagl und Christine Erdic für ihre große Mühe!

Ein weiteres Dankeschön an Karin Pfolz, die mit hohem Einsatz alles durchgearbeitet und am Layout gearbeitet hat, das großartige Coverbild gemalt, das Cover erstellte und vieles mehr.

Andreas Petz

„Jedes Wort ein Atemzug“
Buchserie der AutorInnen von „Respekt für Dich“

Ein gemeinsames Buchprojekt gegen Gewalt, initiiert von der Österreichischen Autorin Karin Pfolz, soll den gemeinsamen Weg Europas gegen Gewalt zeigen. 143 Autorinnen und Autoren aus ganz Europa beteiligten sich daran. Der Erlös aus den Büchern fließt in die Gewaltopferhilfe.

„Mit diesem Buchprojekt wird die Idee der Europaratskonvention unterstützt, wonach Gewalt an Frauen und Kindern kein Tabuthema mehr ist“, so Gisela Wurm (Vizepräsidentin des Europarates und Vorsitzende des Ausschusses für Gleichbehandlung und Nichtdiskriminierung). Die Bücher sind ab Oktober 2014 europaweit im guten Buchhandel erhältlich.

Respekt für Dich

Erschienen im Karina Verlag, Vienna

Zwei Frauen, tief verwurzelt in ihnen die Vergangenheit. Teils vergessen, teils verdrängt. Briefe, die eine von ihnen zu Verbrecherin macht, während der Anderen das Morden reichlich Freude bereitet. Doch etwas verbindet die beiden und so müssen sie tief in ihre Erinnerungen eintauchen, um das Rätsel um sie selbst zu lösen.

ISBN: 978-3-903056-02-2

Was passiert wenn zwei Autorinnen beschließen gemeinsam ein Buch zu schreiben? Das Resultat sind vier spannende Triller voller Nervenkitzel.

ISBN: 978-3-9503862-2-6

Die Tür der Kindheit schließt sich und das Tor zur Erwachsenenwelt öffnet sich. Strahlend und perfekt scheint der Beginn des Lebens als Ehefrau zu sein, doch in Wahrheit hat die junge Frau den Weg zur Hölle beschritten.
Ein Thriller, der im wahren Leben spielt.

ISBN: 978-3-903056-08-4

Die alleinerziehende Mutter Alicia Livingston hat nach einer gescheiterten Ehe langsam wieder im Leben Fuß gefasst und arbeitet als Journalistin bei einer Frauenzeitschrift in London. Ihren Traum vom Schreiben musste sie lange brach liegenlassen, denn ihre Tochter Melanie und ihre Arbeit in der Redaktion forderten sie sehr. Eines Tages soll sie ein Interview mit dem erfolgreichen Autor Nick Coleman machen. Mit ihm hatte Alicia vor vielen Jahren als Studentin eine heiße Affäre, als sie seinen Kurs für Kreatives Schreiben besuchte. Auch Nick hat in seiner Ehe Schiffbruch erlitten und erzieht seine Tochter Sandra alleine. Sofort fühlen sie sich wieder zu einander hingezogen. Aber Alicia zögert, denn vor Jahren war Nick ein notorischer Frauenheld. Wird er es schaffen, ihr Vertrauen zu gewinnen? Und wird sie ihren Traum vom Schreiben doch noch verwirklichen können?

ISBN: 978-3-9503916-2-6

Karina Verlag
Vienna, Austria
Otto-Willmann-Gasse 4/69
A-1100 Vienna
www.karinaverlag.at
karina.bookoffice@gmail.com